AF617471

EL ARTE DE SABER MORIR

LAS 100 MUERTES MÁS MEMORABLES DE LA HISTORIA

colección **Ensayo**

Dirigida por: José Manuel López de Abiada

Verbum Ensayo se enfoca en los campos de la filología, la estética, la filosofía y la historia, fundamentalmente. Atesora las obras de los ensayistas y estudiosos más importantes de todos los tiempos y presta especial cuidado a estudios de autores hispanos como José Ingenieros, Miguel de Unamuno, José Enrique Rodó, José Olivio Jiménez, Roberto González Echevarría, Humberto López Morales, Leonardo Padura Fuente, Alejo Carpentier, Roberto Fernández Retamar, José Carlos Rovira, Virgilio López Lemus, Jesús G. Maestro, Alejandro Martínez, Ángel Díaz Arenas, Rolena Adorno, Enrique Gallud Jardiel, Vicente Cervera Salinas, Jesús Jambrina, Gema Areta, Ángel Esteban, José Luis Villacañas, Carlos Javier Morales, Javier Huerta Calvo, José Manuel Camacho, Elena Poniatowska, entre otros.
Muchos de estos títulos forman parte de las referencias bibliográficas de numerosos cursos doctorales, másteres y grados en universidades de España, resto de Europa y EE.UU.

ISMAEL MARTÍ

EL ARTE DE SABER MORIR

LAS 100 MUERTES MÁS MEMORABLES DE LA HISTORIA

Tr.ª Sierra de Gata, 5
La Poveda (Arganda del Rey)
28500 Madrid
Teléf.: (+34) 910 46 54 33
e-mail: info@editorialverbum.es
https://editorialverbum.es

I.S.B.N.: 978-84-1136-885-8
Depósito Legal: M-3573-2025

Diseño de cubierta y maquetación: Iván García Molinero
Preimpresión: Adrians Esquivel Romero
Printed in Spain / Impreso en España

Este libro ha sido impreso con papel ecológico procedente de bosques sostenibles.

ÍNDICE

Prólogo

Vivir y morir puede ser un arte

La muerte, ese enigma eterno que todos compartimos, ha sido uno de los grandes temas de reflexión en todas las culturas y épocas. Desde la antigüedad hasta nuestros días, filósofos, poetas y pensadores han buscado darle sentido al final de la existencia. La muerte ha inspirado actos de heroísmo, sellado amores inmortales y dado lugar a leyendas que perduran más allá del tiempo. Pero la muerte no es solo un final inevitable: también es una oportunidad para reflexionar sobre la vida misma y sobre cómo queremos ser recordados. En este libro exploramos algunas de las despedidas más memorables de figuras cuya vida y muerte han sido ejemplares para la humanidad. Reunimos aquí personajes históricos de diversa índole: reyes, guerreros, científicos, filósofos, escritores, pintores, músicos, santos, artistas, entre otros muchos, cuya vida y muerte resultan inspiradoras para los lectores de nuestro tiempo.

El filósofo romano Séneca escribió: "La vida es como una obra de teatro: no importa cuánto dure, sino qué tan bien se desempeñe". Esta metáfora teatral ilustra una verdad: lo que define la muerte no es su momento ni su forma, sino cómo hemos vivido hasta entonces. Saber morir no implica únicamente aceptar la inevitabilidad de nuestro final, sino vivir de tal manera que, cuando llegue la hora de la despedida, podamos hacerlo con serenidad, dejando una huella significativa en el mundo y en quienes nos rodean.

Desde los antiguos griegos hasta los filósofos modernos, la humanidad ha tratado de comprender el significado de la muerte. Platón sostenía que la filosofía misma era una preparación para morir. En la *Apología de Sócrates*, relata cómo Sócrates, condenado a beber cicuta, aceptó su destino con serenidad y afirmó: "Nadie sabe si la muerte es lo peor que le puede suceder al hombre, y sin embargo todos la temen como si supieran con certeza que es lo peor". Para Sócrates, la muerte no era un final trágico, sino una transición hacia la eternidad. En su visión: "no se puede decir que uno haya vivido bien si no ha sabido morir bien".

Esta serenidad ante la muerte la encontramos también en personajes históricos como Leonardo da Vinci, quien murió en 1519 en Amboise, Francia, bajo la protección del rey Francisco I. Leonardo, consciente de su fin, expresó: "He ofendido a Dios y a la humanidad, porque mi obra no tuvo la calidad que debería". Con humildad y autocrítica, aceptó su muerte sabiendo que su legado científico y artístico perduraría mucho más allá de su existencia física. Filósofos estoicos, como Marco Aurelio, Epicteto y Séneca, profundizaron en la reflexión sobre la muerte como parte natural del ciclo de la vida. Para ellos, el miedo a la muerte es una distracción que nos impide vivir plenamente. Marco Aurelio escribió: "No actúas según la naturaleza si te quejas de lo que sucede de acuerdo con la naturaleza". Los estoicos defendían que aceptar la muerte con serenidad es un acto de sabiduría y coherencia con la vida misma. Séneca, en sus *Cartas a Lucilio*, afirmaba: "La muerte nos acecha a todos, pero nunca se sabe cuándo llegará, por lo que la sabiduría radica en vivir con la conciencia de nuestra finitud, de tal forma que cada día pueda ser vivido plenamente".

Este estoicismo se refleja también en figuras contemporáneas como Félix Rodríguez de la Fuente, quien murió en 1980 en un accidente aéreo mientras filmaba un documental en Alaska. Félix, un apasionado defensor de la naturaleza, entendía que la muerte era parte del ciclo natural. "Si logramos amar a la vida con todas sus fuerzas, también podremos aceptar la muerte", decía. Su legado continúa inspirando a millones de personas a proteger la vida salvaje, demostrando que su muerte fue, de alguna manera, una continuación de su misión.

Epicteto, en su *Enquiridión*, exhorta a sus discípulos a meditar diariamente sobre la muerte, no para caer en la desesperación, sino para liberarse del miedo y abrazar la vida con mayor intensidad. "No es la muerte lo que debe preocuparnos, sino la vida no vivida". Esta reflexión nos recuerda que el arte de saber morir comienza mucho antes del momento final: empieza en la manera en que elegimos vivir cada día, conscientes de nuestra mortalidad y dispuestos a actuar en consecuencia.

Martin Heidegger, en su obra *Ser y tiempo*, abordó la muerte desde una perspectiva existencial. Para él, la muerte es la posibilidad más propia y auténtica del ser humano, ya que nos enfrenta con nuestra finitud y nos obliga a tomar decisiones significativas. Heidegger sostiene que solo al reconocer nuestra mortalidad podemos liberarnos de las distracciones y vivir con propósito. "Morir es el final de la vida, pero vivir plenamente es la verdadera preparación para la muerte". Esta idea resuena también en la vida de personajes como Vicente Huidobro, el poeta chileno fundador del creacionismo. A pesar de las adversidades y el rechazo que sufrió en vida, Huidobro nunca dejó de crear. En su obra *Altazor* plasmó la necesidad de reinventar la realidad a través del arte, y su muerte fue un acto de coherencia con su vida creativa.

En las tradiciones filosóficas orientales, la muerte se aborda desde una perspectiva cíclica. Para el budismo, la muerte no es un fin definitivo, sino parte de un ciclo continuo de renacimiento. Buda enseñó que "la muerte es un fenómeno natural. No es el fin, sino una transición hacia otro estado". Esta visión invita a aceptar la impermanencia de todas las cosas y a vivir con desapego, reconociendo que nada en la vida es para siempre.

La reflexión filosófica sobre la muerte también incluye la valoración del legado que dejamos tras nosotros. Filósofos como Confucio y Platón han defendido que la memoria y el impacto que dejamos en los demás son las verdaderas formas de trascendencia. Confucio afirmó: "El hombre que ha hecho bien en su vida es recordado por su virtud, no por su riqueza ni su estatus". Platón, en *La República*, escribió: "La vida no se mide por los años, sino por la huella que dejamos en el corazón de aquellos que nos rodean".

Esta visión de la trascendencia a través del recuerdo la vemos en figuras como Cristóbal Colón, quien murió en 1506 en Valladolid, convencido de que había llegado a Asia. Su vida estuvo marcada por desafíos y controversias, pero su legado como descubridor del Nuevo Mundo cambió para siempre el curso de la historia humana.

Albert Camus, en su obra *El mito de Sísifo*, afirmó: "No hay destino que no pueda ser superado con el desprecio". Para Camus, la muerte es el último absurdo de la existencia humana, pero también la que da sentido a la vida. "Vivir es rebelarse contra la muerte, es afirmar la vida en cada instante". El arte de saber morir, entonces, no es solo la aceptación de la muerte, sino también la afirmación de la vida. Como escribió Viktor Frankl en *El hombre en busca de sentido*: "El hombre que sabe para qué vive puede soportar cualquier cómo".

Cada personaje retratado en este libro nos invita a reflexionar sobre cómo queremos vivir y ser recordados. Desde Sócrates hasta Gandhi, desde Cleopatra hasta Mozart, cada uno de ellos enfrentó la muerte con valentía, sabiduría o serenidad. Como escribió William Shakespeare: "El acto final de la vida es el más noble y solemne de todos". Saber morir, entonces, es vivir de tal manera que la muerte no sea una pérdida, sino una continuación de nuestra historia en las vidas que tocamos y las memorias que dejamos.

1. CONFUCIO

La sabiduría eterna

Confucio (551 a.C. – 479 a.C.), filósofo y maestro cuya influencia ha moldeado la civilización china durante más de dos mil años, no solo fue un hombre de pensamiento profundo, sino también un ejemplo de virtud y rectitud. Su vida estuvo marcada por la búsqueda incansable de la armonía social y la transmisión de valores éticos que, según él, debían guiar tanto a gobernantes como a ciudadanos comunes. Pero fue en su despedida de este mundo donde Confucio mostró la misma serenidad y sabiduría que definieron su existencia.

Nacido en el Estado de Lu, en una época de caos y fragmentación política conocida como el Período de Primaveras y Otoños, Confucio enfrentó desde joven las dificultades de una vida austera. Con una insaciable sed de conocimiento, dedicó su vida a estudiar, enseñar y servir en diversos cargos administrativos, siempre guiado por su convicción de que la moral y el autocultivo personal eran la clave para construir una sociedad justa y ordenada. Sin embargo, pese a su esfuerzo, su filosofía no fue ampliamente adoptada en vida, y Confucio pasó sus últimos años en reflexión, sintiendo que su misión no había sido plenamente comprendida.

En sus últimos días, ya retirado de la vida pública, Confucio se encontraba rodeado de sus discípulos más fieles, quienes tomaron nota de sus palabras y preservaron sus enseñanzas en *Las Analectas,* el texto que aseguraría su legado. La muerte, para Confucio, no era más que una parte natural del ciclo de la existencia, un tránsito hacia la eternidad. Enseñó que quien vivía conforme al Dao —el camino de la virtud— no debía temer la muerte, pues había cumplido su propósito en la vida.

La tradición cuenta que Confucio afrontó su fin con una dignidad solemne, meditando sobre la fragilidad humana y el misterio de la vida. Se dice que en su lecho de muerte expresó: "El gran monte se ha derrumbado, la viga maestra ha cedido y el sabio ha partido", una metáfora que reflejaba la certeza de que su tiempo en la tierra había llegado a su fin, pero también su convicción de haber dejado un legado eterno.

Aunque falleció en la simplicidad de su hogar, su partida no fue un final común. La muerte de Confucio marcó el comienzo de su verdadera inmortalidad: la perpetuación de sus ideales a través de generaciones. En un acto simbólico, sus discípulos continuaron reuniéndose para debatir y difundir su filosofía, asegurándose de que el pensamiento del maestro iluminara el camino de futuros líderes y sociedades.

El legado de Confucio no solo reside en sus enseñanzas sobre el respeto filial, la justicia y la humanidad, sino también en la lección final que nos dejó con su muerte: la grandeza no se mide por riquezas o títulos, sino por la virtud y el impacto que uno deja en el mundo. Con su serenidad ante el final, Confucio reafirmó que la sabiduría y la rectitud son la verdadera herencia de una vida bien vivida.

La vida y muerte de Confucio se convirtieron en un faro para la humanidad. Su filosofía trascendió las fronteras de su tiempo y espacio, inspirando no solo a generaciones de líderes y académicos, sino también a millones de personas en busca de equilibrio y propósito. Hoy, más de dos milenios después, sigue siendo un símbolo de integridad y sabiduría, un testimonio de que las ideas pueden sobrevivir al paso del tiempo y las adversidades. Confucio nos enseñó que la verdadera inmortalidad radica en la virtud. Al igual que sus palabras, su vida y su muerte permanecen inscritas en la memoria de la humanidad, recordándonos que el legado de un sabio nunca perece. Como expresó uno de sus discípulos: "El maestro ha partido, pero su luz sigue iluminando el camino de quienes buscan la verdad".

2. Leónidas de Esparta

El sacrificio en las Termópilas

Grecia, 480 a. C. En el estrecho paso de las Termópilas, donde las montañas se encuentran con el mar, Leónidas, rey de Esparta, lideró a sus 300 guerreros en una resistencia legendaria contra el vasto ejército persa comandado por Jerjes I. Aunque la derrota era inevitable, su sacrificio se convirtió en un acto inmortal que inspiraría a generaciones y marcaría profundamente la historia de Grecia.

Cuando Jerjes invadió Grecia con un ejército que, según los relatos, superaba el millón de hombres, las ciudades-estado griegas enfrentaron una amenaza existencial, podían ser borradas para siempre. Así que Leónidas, consciente del peligro, lideró un pequeño contingente compuesto por 300 espartanos y algunos aliados griegos para contener el avance persa en las Termópilas. Este estrecho paso montañoso ofrecía la oportunidad de igualar, al menos momentáneamente, las fuerzas contra el enemigo.

Durante dos días, Leónidas y sus hombres repelieron innumerables ataques persas. La disciplina, el coraje y la formación de falange de los espartanos hicieron retroceder incluso a la élite persa, conocida como los Inmortales. Jerjes, frustrado por la resistencia griega, se encontró incapaz de romper sus líneas. Cada embate fue una muestra de la fortaleza y determinación de los guerreros liderados por Leónidas.

El curso de la batalla cambió cuando Efialtes, un traidor griego, reveló a los persas un sendero oculto que les permitió flanquear a los defensores. Al comprender que estaban rodeados, Leónidas tomó una decisión que lo inmortalizaría: ordenó a la mayoría de las fuerzas griegas que se retiraran, quedándose con sus 300 espartanos para resistir hasta el último aliento. Sabía que su sacrificio no alteraría el desenlace inmediato, pero su objetivo era mayor: inspirar a Grecia a unirse contra el invasor.

En el día final, Leónidas y sus hombres lucharon con una valentía inquebrantable. Incluso después de agotar sus armas, combatieron con las manos y los dientes, rehusándose a rendirse. Leónidas cayó en el campo de batalla, pero su ejemplo quedó grabado para siempre en la historia. Según Heródoto, sus últimas palabras resonaron como un eco de desafío y determinación: "Ven y tómalas", en respuesta a la demanda de Jerjes de entregar las armas.

Tras la batalla, los persas decapitaron y crucificaron el cuerpo de Leónidas, un acto inusual para los estándares griegos y persas, que reflejaba el impacto emocional y estratégico de su resistencia. El sacrificio de Leónidas y sus 300 hombres unió a las ciudades-estado griegas, que lograron detener la invasión persa en las batallas decisivas de Salamina y Platea, asegurando así la continuidad de la civilización helena.

Hoy, Leónidas es recordado como el arquetipo del héroe que entrega todo por su pueblo y sus ideales. En las Termópilas, una inscripción honra su memoria: "Ve, viajero, y dile a Esparta que aquí yacemos, obedientes a sus leyes". Su nombre sigue siendo sinónimo de valentía, disciplina y devoción inquebrantable, un legado que trasciende el tiempo y las fronteras. Su sacrificio no solo defendió la libertad de Grecia, sino que definió el verdadero significado de la lealtad y el honor.

3. SÓCRATES

La cicuta y la serenidad filosófica

Atenas, 399 a.C. En una ciudad donde los debates filosóficos animaban las plazas y los ideales democráticos eran motivo de orgullo, Sócrates, el hombre que había dedicado su vida a cuestionar lo incuestionable, enfrentaba el juicio más trascendental de su existencia. Acusado de corromper a la juventud y de no respetar a los dioses de la ciudad, con su habitual ironía y calma, decidió enfrentarse al tribunal que lo juzgaba sin defensa ni súplica.

Ante sus 501 jueces ciudadanos, Sócrates no intentó salvarse. En lugar de ello, ofreció una lección final sobre la justicia, la moral y la virtud. "Un hombre bueno no puede ser dañado ni en vida ni en muerte", afirmó con serenidad, refiriéndose a la inmortalidad de su alma. Aunque sabía que la condena era inevitable, se negó a contradecir sus principios, incluso cuando le ofrecieron el destierro como alternativa a la pena capital.

Como esperaba, el tribunal lo declaró culpable y lo sentenció a muerte mediante la ingesta de cicuta, un veneno amargo y letal. A lo largo de los días que siguieron, sus discípulos, desesperados, planearon su escape. Sin embargo, Sócrates los detuvo. Para él, aceptar su castigo era un acto de respeto hacia las leyes que regían la ciudad, un sacrificio personal en pos de la justicia colectiva. "Es mejor sufrir una injusticia que cometerla", dijo, reafirmando su devoción por la coherencia moral.

La noche de su ejecución, Sócrates se rodeó de sus amigos más cercanos. Platón, quien posteriormente narraría los acontecimientos en el *Fedón*, describió cómo el maestro habló sobre la inmortalidad del alma y la verdadera naturaleza de la muerte. Según él, la muerte no era un mal, sino una transición hacia un estado superior de conocimiento y existencia.

Cuando llegó el momento, Sócrates bebió la cicuta sin titubear. Según Platón, sus últimas palabras fueron dirigidas a su amigo Critón: "Critón, debemos un gallo a Asclepio. Págaselo y no lo olvides." Esta frase, aparentemente enigmática, ha sido interpretada como un agradecimiento simbólico al dios de la medicina por liberarlo de las cadenas del cuerpo y de la ignorancia de los hombres.

Mientras el veneno ascendía por su cuerpo, paralizando lentamente sus extremidades, Sócrates mantuvo la compostura. Ordenó a sus discípulos que no lloraran y que siguieran buscando la virtud. Su muerte, lejos de ser una tragedia, se convirtió en un acto de enseñanza, un ejemplo de cómo afrontar el final con dignidad y valentía. Sócrates murió como vivió: fiel a su filosofía, dejando un legado y un ejemplo inmortal en la historia del pensamiento humano.

4. ALEJANDRO MAGNO

El joven conquistador y su enigma final

Los días anteriores a la muerte de Alejandro Magno estuvieron envueltos en un halo de misterio y presagios funestos. Tras conquistar gran parte del mundo conocido y extender su imperio desde Grecia hasta la India, Alejandro regresó a Babilonia en el año 323 a. C. para planear nuevas expediciones. Sin embargo, lo que parecía ser el inicio de otra gran campaña se convirtió en el final abrupto de su extraordinaria vida. Durante un banquete celebrado en su honor, el joven conquistador comenzó a sentirse mal. Lo que empezó como una fiebre se agravó rápidamente, dejándolo postrado en su lecho, incapaz de levantarse ni hablar.

La causa exacta de su muerte sigue siendo uno de los enigmas más debatidos de la historia. Algunas fuentes sugieren que Alejandro pudo haber contraído una enfermedad como la malaria, el tifus o la fiebre del Nilo. Otros, en cambio, sostienen que fue víctima de un complot urdido por sus propios generales, temerosos de su ambición ilimitada y su decisión de incorporar a soldados persas en su ejército, lo que había generado tensiones internas. La teoría del envenenamiento, aunque plausible, es difícil de probar, y el misterio sigue siendo objeto de debate entre historiadores y arqueólogos.

Durante sus últimos días, Alejandro, gravemente debilitado, continuó ejerciendo su liderazgo incluso en silencio.

Se dice que, incapaz de hablar, se comunicaba con gestos y permitía a sus generales entrar uno a uno en su habitación para despedirse. Según relata Plutarco, cuando le preguntaron quién debía sucederle en el trono de su vasto imperio, Alejandro respondió con dos palabras enigmáticas: "El más fuerte". Esta respuesta, lejos de aportar claridad, desencadenó una lucha feroz entre sus generales, conocidos como los diádocos, quienes se disputaron el poder y dividieron su imperio en varias facciones, dando inicio a décadas de guerras internas.

Tras su muerte, el cuerpo de Alejandro se convirtió en un símbolo de su estatus casi divino. Según las crónicas, su cadáver no mostró signos de deterioro durante varios días, lo que sus contemporáneos interpretaron como una señal de que era más que un mortal. Su cuerpo fue embalsamado y trasladado a Egipto, donde se cree que fue sepultado en un majestuoso mausoleo en Alejandría. Sin embargo, la ubicación exacta de su tumba se perdió con el tiempo, convirtiéndose en uno de los misterios más fascinantes de la arqueología. A lo largo de los siglos, numerosos exploradores y arqueólogos han intentado localizar su sepulcro, pero hasta hoy permanece desaparecido.

Más allá del misterio de su muerte y su tumba perdida, el legado de Alejandro Magno es inmenso. Fundó numerosas ciudades, muchas de ellas llamadas Alejandría, que se convirtieron en centros de conocimiento, cultura y comercio. Su política de fusión cultural, que unió Oriente y Occidente, dejó una huella duradera en la historia. El helenismo, resultado de la expansión de su imperio, influyó profundamente en el arte, la ciencia, la filosofía y la política durante siglos.

La muerte de Alejandro fue tan épica como su vida: prematura, cargada de simbolismo y envuelta en misterio.

Su figura trascendió la historia para convertirse en una leyenda, un héroe que desafiaba a los dioses y que, pese a su grandeza, no pudo escapar a su destino mortal. Como él mismo afirmó: "Recuerda que de la conducta de cada uno depende el destino de todos".

5. ANÍBAL

El estratega cartaginés que eligió su destino

Bitinia, 183 a. C. En un rincón remoto, lejos de las tierras que defendió con brillantez, Aníbal Barca, el legendario general de Cartago, eligió su propio final. Perseguido implacablemente por Roma, decidió poner fin a su vida con veneno antes que caer prisionero de sus enemigos. Este acto marcó el epílogo de una existencia dedicada a desafiar al imperio más poderoso de su tiempo.

Hijo de Amílcar Barca, Aníbal juró desde niño odio eterno a Roma, un voto que guiaría cada uno de sus pasos. Su audaz invasión de Italia durante la Segunda Guerra Púnica lo consagró como uno de los mayores estrategas de la historia. La épica travesía de sus tropas cruzando los Alpes con elefantes fue una hazaña sin precedentes que no solo asombró a sus contemporáneos, sino que continúa fascinando a los historiadores.

Durante 16 años, Aníbal devastó el territorio italiano, infligiendo derrotas demoledoras a las legiones romanas. Su victoria en la batalla de Cannas sigue siendo un referente en la historia militar: un ejemplo de genio táctico donde logró aniquilar un ejército romano muy superior en número. Sin embargo, pese a su invicto registro en el campo de batalla, no pudo tomar Roma, lastrado por la falta de apoyo logístico y político desde Cartago.

El destino de Aníbal cambió cuando Roma llevó la guerra a África, obligándolo a regresar para defender su patria. En la batalla de Zama, enfrentó a Escipión el Africano, un general que empleó tácticas inspiradas en las suyas. La derrota no solo selló el destino de Cartago, sino que marcó el inicio de su exilio.

Durante sus años de huida, Aníbal sirvió como consejero militar en diversos reinos extranjeros, pero la obsesión de Roma por eliminar cualquier vestigio de amenaza lo convirtió en un fugitivo perpetuo. Finalmente, encontró refugio en la corte de Prusias I de Bitinia, pero ni siquiera allí estaba a salvo. Roma exigió su entrega, y Aníbal, fiel a su carácter, decidió tomar el control de su destino. "Liberemos a Roma de su ansiedad por un viejo", afirmó antes de ingerir el veneno que siempre llevaba consigo. Con este acto, Aníbal no solo evitó la captura y el deshonor, sino que reafirmó su filosofía de vida: incluso en la adversidad, mantenía la libertad de elección. Su muerte fue un desafío final, un acto de dignidad que mostró su determinación de ser dueño de su destino hasta el último instante.

A pesar de su derrota en vida, el legado de Aníbal fue inmenso. Su genio estratégico inspiró temor y admiración en Roma, cuyos generales estudiaron sus tácticas durante generaciones. Incluso Escipión el Africano reconoció su grandeza, llamándolo el oponente más formidable que había enfrentado. Hoy, Aníbal es recordado como uno de los más grandes comandantes de la historia militar. Su audacia, su genio y su decisión de elegir su final siguen siendo ejemplos de valor y determinación. Su vida y su muerte simbolizan el espíritu indomable de un hombre que, incluso en la derrota, preservó su dignidad y se negó a someterse.

6. Caius Marius

El líder romano de la reforma militar

Roma, 86 a. C. Caius Marius, uno de los generales y políticos más influyentes de la República Romana, murió a los 70 años, habiendo dejado un legado profundamente marcado por sus reformas militares y su papel en las tensiones políticas que preludiaron la caída de la República. Su vida, caracterizada por victorias en el campo de batalla y ambiciones políticas, culminó en un final más sereno que sus años de turbulenta actividad, pero su muerte representó el ocaso de una era.

Nacido en 157 a. C. en la ciudad de Arpinum, Marius provenía de una familia plebeya, una condición que en la sociedad romana de la época suponía un obstáculo considerable para acceder a los altos cargos de poder. Sin embargo, su carrera militar le permitió ascender en el escalafón social, demostrando que el mérito en el campo de batalla podía abrir puertas que el origen humilde cerraba. Fue un ejemplo de *homo novus*, el "hombre nuevo", el primer miembro de su familia en llegar al consulado, lo que lo convirtió en una inspiración para aquellos que no pertenecían a la aristocracia romana.

Marius alcanzó por primera vez el consulado en el año 107 a. C., durante una crisis militar en la guerra contra el rey númida Jugurta. Su victoria en esta campaña consolidó su prestigio militar, pero fueron sus reformas en el ejército romano las que marcaron un punto de inflexión en la historia de Roma. Hasta entonces, el ejército estaba compuesto por ciudadanos que poseían propiedades y que servían temporalmente en las campañas militares. Marius, al reformar el sistema de reclutamiento, permitió que los plebeyos sin tierras se alistaran, creando así un ejército profesional que dependía más de sus generales que del Estado. Estas reformas fortalecieron a Roma como una potencia militar, pero también sembraron las semillas de futuros conflictos internos. Al convertir a los soldados en profesionales leales a sus comandantes, Marius transformó el equilibrio de poder en la República. Los generales comenzaron a tener más influencia política, lo que debilitó la autoridad del Senado y de las instituciones republicanas.

A lo largo de su carrera, Marius luchó en numerosas guerras, incluida la campaña contra los cimbrios y los teutones, invasores germánicos que amenazaban a Roma. Sus victorias decisivas en estas batallas lo convirtieron en un héroe popular, lo que le valió ser elegido cónsul en siete ocasiones, un récord en la historia de la República. Sin embargo, su éxito militar también lo hizo un rival peligroso para otros líderes romanos, como Lucio Cornelio Sila, con quien mantuvo una amarga rivalidad que desembocó en una guerra civil. Como líder de los *populares*, el partido que representaba los intereses del pueblo frente a la aristocracia, Marius se enfrentó a los *optimates*, la facción conservadora que defendía los privilegios de la élite. Esta división entre *populares* y *optimates* fue uno de los factores que contribuyeron a la inestabilidad política de Roma y, finalmente, a la caída de la República.

En sus últimos años, Marius experimentó un declive tanto en su influencia política como en su salud. Fue exiliado durante la dictadura de Sila, pero regresó a Roma durante un periodo de inestabilidad. En 86 a. C., fue elegido cónsul por séptima vez, aunque su última etapa en el poder fue breve. Poco después de asumir el cargo, Marius murió de causas naturales, marcando el fin de una vida que había sido un constante enfrentamiento con las fuerzas políticas y militares de su tiempo. Como dijo uno de sus contemporáneos: “Marius murió, pero su ejército vive”. Su influencia en la política de Roma permaneció mucho después de su muerte, marcando el inicio de un nuevo capítulo en la historia de la República, que finalmente conduciría a la aparición de líderes militares como Julio César, quienes seguirían el camino trazado por él.

7. ESPARTACO

El gladiador que desafió a Roma

El Vesubio, Italia, 71 a. C. La muerte de Espartaco, el líder de la famosa rebelión de esclavos contra la República Romana, se ha convertido en un símbolo de lucha y sacrificio. A los 30 años, y tras haber desafiado el poder absoluto de Roma con un ejército compuesto por esclavos y gladiadores, Espartaco cayó en combate, dejando tras de sí una leyenda que trascendió el tiempo y se transformó en un estandarte de la resistencia frente a la opresión.

Nacido en la región de Tracia —actualmente Bulgaria—, Espartaco formó parte de una tribu tracia conocida por su destreza en la guerra y sus costumbres guerreras. Se cree que sirvió como auxiliar en el ejército romano antes de ser capturado y vendido como esclavo, lo que le permitió conocer las tácticas militares romanas que luego emplearía en su propia rebelión. Forzado a luchar como gladiador en la escuela de Cápua, propiedad del lanista Lentulo Batiato, Espartaco se vio envuelto en un mundo donde la muerte y el sufrimiento eran espectáculos públicos. Sin embargo, su espíritu rebelde y su anhelo de libertad lo llevaron a desafiar ese destino impuesto. En el año 73 a. C., junto a un pequeño grupo de gladiadores, Espartaco protagonizó una fuga audaz de la escuela de gladiadores, iniciando una rebelión que crecería rápidamente en magnitud e impacto. Lo que comenzó como una fuga desesperada de esclavos se convirtió en la Tercera Guerra Civil, una de las revueltas más significativas de la historia de Roma. Tras escapar, Espartaco y sus compañeros se refugiaron en el monte Vesubio, donde comenzaron a organizarse como un ejército improvisado. A medida que su número crecía con la incorporación de esclavos fugitivos y campesinos empobrecidos, Espartaco demostró un liderazgo y una visión que trascendieron las expectativas de un simple gladiador.

El ejército de Espartaco logró infligir varias derrotas humillantes a las legiones romanas, empleando tácticas de guerrilla y emboscadas que desorientaban a los generales romanos. Entre los años 73 y 71 a. C., los rebeldes recorrieron gran parte del sur de Italia, derrotando a los ejércitos enviados para sofocar la revuelta y sembrando el miedo en las élites romanas. En lugar de saquear indiscriminadamente, Espartaco buscaba liberar a los esclavos y permitirles regresar a sus tierras de origen. Según las fuentes históricas, su objetivo no era derrocar a Roma, sino poner fin al sistema esclavista que sustentaba la economía romana.

Espartaco, con su visión de una Italia libre de esclavitud, era un líder respetado por sus seguidores y temido por sus enemigos. Su capacidad para movilizar a miles de personas, su ingenio estratégico y su voluntad de desafiar al imperio más poderoso de la época lo convirtió en un líder revolucionario. No obstante, las tensiones internas dentro de su ejército comenzaron a debilitar la causa. Algunos grupos de rebeldes preferían saquear y buscar su propio beneficio, mientras que otros, como Espartaco, mantenían un ideal más elevado de libertad y justicia.

La República Romana, preocupada por la amenaza que representaba esta revuelta, finalmente encomendó a Marco Licinio Craso la tarea de sofocar la rebelión. Craso, un hombre ambicioso y conocido por su brutalidad, planteó el mando de ocho legiones y empleó métodos drásticos para disciplinar a sus soldados, incluyendo la diezma, una práctica en la que uno de cada diez soldados era ejecutado como castigo por cobardía. En el año 71 a. C., tras varias escaramuzas y un prolongado acoso, las fuerzas de Craso lograron cercar a Espartaco ya su ejército cerca de Petelia, en Calabria. En la batalla final, Espartaco rechazó cualquier intento de negociación y prefirió luchar hasta el final. Según algunas fuentes, intentó llegar hasta Craso en medio del combate, pero fue abatido antes de alcanzarlo. Su cuerpo nunca fue encontrado, y muchos historiadores interpretan esto como un gesto simbólico de que su espíritu de resistencia no podía ser capturado ni sometido.

Aunque su ejército fue destruido y alrededor de seis mil rebeldes fueron crucificados a lo largo de la Vía Apia como advertencia, la figura de Espartaco nunca desapareció. La imagen de millas de crucificados a lo largo de kilómetros de camino se convirtió en un testimonio del precio que pagaron a aquellos que lucharon por la libertad.

La forma en que Espartaco eligió luchar hasta el final por la libertad, incluso cuando las probabilidades estaban en su contra, lo convirtió en un mártir y en un símbolo eterno de resistencia. La muerte de Espartaco, aunque trágica, se convierte en un ejemplo paradigmático del arte de saber morir. No solo murió como líder de una rebelión fallida, sino que, al hacerlo, dejó un legado de lucha, valentía y una constante búsqueda de justicia. En el momento de su muerte, Espartaco no solo desafiaba el poder de Roma, sino que se consagraba como el héroe de los oprimidos. Un historiador afirma que dijo: “La muerte no es una derrota si la causa es justa”.

8. JULIO CÉSAR

La traición en los idus de marzo

Roma, 15 de marzo del 44 a.C. Los idus de marzo, una fecha marcada en el calendario romano como un día de deudas y augurios, se convirtió en el escenario de una de las traiciones más impactantes de la historia. Julio César, el hombre que había llevado a Roma a sus mayores conquistas y se había declarado dictador perpetuo, fue apuñalado 23 veces en una sesión del Senado, en el Teatro de Pompeyo.

La conspiración contra César había sido planeada por un grupo de senadores liderados por Gayo Casio, Marco Bruto y otros que temían que su creciente poder pusiera fin a la República. Para ellos, César representaba una amenaza al sistema republicano, un hombre que aspiraba a convertirse en rey, un título aborrecido por los romanos desde la caída de la monarquía.

Esa mañana, César recibió advertencias de múltiples fuentes. Un vidente le había dicho que debía cuidarse de los idus de marzo, y su esposa Calpurnia había soñado con su muerte. Incluso un mensaje escrito que detallaba la conspiración fue entregado a César mientras se dirigía al Senado, pero él, desestimando las señales, decidió asistir. Según Suetonio, declaró: "Es mejor morir de una vez que vivir siempre con el temor a la muerte".

En el Senado, la traición se desató con una furia inesperada. Mientras César se sentaba, estaba rodeado por los conspiradores. Según las crónicas, César intentó defenderse al principio, pero al ver a Bruto, alguien que consideraba casi como un hijo, entre los atacantes, se rindió. Las palabras: "¿Tú también, Bruto?", atribuidas por Shakespeare, simbolizan la desolación de un hombre al comprender que incluso los más cercanos le habían traicionado.

Su asesinato no trajo la estabilidad que los conspiradores esperaban. Por el contrario, desencadenó una serie de guerras civiles que culminaron con el ascenso al poder de Octavio, el futuro emperador Augusto, que estableció el inicio del Imperio Romano. La República que los senadores intentaron salvar murió junto con Julio César. Y su figura sigue siendo fascinante porque encarnó la ambición, el carisma y la tragedia. Fue un genio militar, un reformador político y un orador brillante que, a pesar de su grandeza, no pudo escapar al destino de los poderosos: la envidia y el temor que suscitan sus éxitos. Su muerte no solo marcó el fin de una era, sino que dio inicio a otra, consolidando su legado como una de las figuras más icónicas de la historia.

Como dijo Shakespeare en su obra *Julio César*: "Los cobardes mueren muchas veces antes de su verdadera muerte: los valientes prueban la muerte solo una vez."

9. Marco Antonio

Un amor inmortal llevado al límite

Egipto, 30 a. C. Marco Antonio, el general romano que había conquistado tanto tierras como corazones, se encontraba al borde de la derrota. Tras la devastadora batalla de Actium, donde la flota de Octavio venció a las fuerzas combinadas de Antonio y Cleopatra, el mundo de Antonio se desmoronaba. La ambición y la pasión que lo habían impulsado ahora lo empujaban hacia un trágico desenlace.

Antonio era un hombre de contrastes: un guerrero feroz y un amante apasionado. Su romance con Cleopatra, la legendaria reina del Nilo, había sido tanto su mayor fortaleza como su perdición. Para muchos romanos, Antonio había traicionado a Roma al aliarse con ella, entregándole territorios y permitiendo que su amor eclipsara su deber político. La propaganda de Octavio lo retrató como un hombre débil, controlado por una reina extranjera, lo que erosionó su apoyo en Roma y consolidó su imagen de traidor.

En los días posteriores a la derrota en Actium, Antonio intentó reorganizar sus tropas, pero las deserciones y la desesperación se impusieron. Cuando Octavio invadió Alejandría, las fuerzas de Antonio fueron barridas. Engañado por un rumor que afirmaba que Cleopatra había muerto, el general, devastado, se lanzó sobre su espada. Sin embargo, el golpe no fue mortal. Gravemente herido y desangrándose, fue llevado al mausoleo donde Cleopatra se había refugiado. La reina, al verlo en ese estado, lo recibió con lágrimas y palabras de amor. Según el relato de Plutarco, Antonio murió en sus brazos, susurrando palabras de devoción eterna: "No llores por mí, Cleopatra. He vivido como un soldado y muero como un romano".

La muerte de Marco Antonio no marcó el final del drama. Cleopatra, enfrentándose a la captura y la humillación por parte de Octavio, decidió seguir a su amante en la muerte, consolidando su historia como una de las más célebres tragedias de la antigüedad. Este amor, aunque políticamente desastroso para Egipto, ha inspirado a poetas, dramaturgos y artistas durante siglos, convirtiendo a Antonio y Cleopatra en íconos del sacrificio y la pasión. Su historia incluso inspiró tragedias como la de *Romeo y Julieta*, cuyo final dramático resuena con ecos de su desenlace.

Antonio, un hombre atrapado entre su lealtad a Roma y su amor por Cleopatra, demostró que incluso los generales más grandes no pueden escapar a los dilemas del corazón. Su muerte reflejó la intensidad de su vida: un torbellino de poder, guerra y deseo que dejó una huella imborrable en la historia. Su actitud quedó retratada por Shakespeare en su inmortal tragedia *Antonio y Cleopatra*: "El mundo y la vida están bien perdidos si es por amor".

10. CLEOPATRA

La reina del Nilo y el beso de la serpiente

Cleopatra VII, última soberana del Egipto ptolemaico, no fue solo una reina, sino un símbolo inmortal de valentía y determinación frente a la adversidad. Su vida estuvo marcada por intrigas políticas, alianzas estratégicas y una defensa incansable de la soberanía de su reino. Pero fue en su muerte donde Cleopatra mostró su mayor fortaleza: la capacidad de tomar el control de su destino y preservar su dignidad frente a un mundo que intentaba someterla.

Cuando Octavio, futuro emperador Augusto, tomó Alejandría, Cleopatra se encontró ante una encrucijada. Roma no solo deseaba conquistar su reino, sino también humillarla públicamente, reduciéndola a una figura derrotada. Octavio planeaba exhibirla como un trofeo de guerra, un espectáculo degradante que mostraría el poder absoluto de Roma sobre Egipto. Sin embargo, Cleopatra, con la valentía que definió toda su vida, decidió que jamás permitiría que su imagen de reina y mujer soberana fuera mancillada.

Recluida en su mausoleo, rodeada de sus tesoros y de un círculo de sirvientes fieles, la faraona comenzó a planificar su último acto. Mientras Octavio intentaba convencerla de rendirse, ella simulaba negociar su entrega, ganando tiempo para trazar el final que ella misma elegiría. Cleopatra comprendía que Roma no le ofrecería ni libertad ni respeto; el único camino para preservar su legado y evitar la humillación era enfrentar la muerte con valentía y determinación.

La leyenda narra que Cleopatra eligió un método tan dramático como simbólico: la mordedura de una cobra egipcia, el áspid. Este acto no fue una simple forma de morir: fue una declaración cargada de significado. En la cultura egipcia, la serpiente representaba el poder, la realeza y la conexión con lo divino. Al aceptar su destino de esta manera, Cleopatra reafirmaba su lugar como faraona y su unión con los dioses, rechazando someterse a los dictados de Roma.

Plutarco, uno de los cronistas más influyentes, describe que Cleopatra murió rodeada de dos de sus doncellas más leales, quienes eligieron acompañarla en su último sacrificio. Cuando Octavio llegó al mausoleo, encontró su cuerpo adornado con sus mejores ropas y joyas, como si incluso en la muerte Cleopatra se asegurara de proyectar la imagen de la soberana que había sido: una mujer poderosa, orgullosa y dueña de su destino.

La valentía de Cleopatra en sus últimos momentos no solo fue un acto personal, sino también un gesto político. Al tomar su vida en sus manos, envió un mensaje inequívoco: ni Roma ni sus conquistadores podrían reducirla a un objeto de burla o sometimiento. Su muerte fue un triunfo final sobre la adversidad, un acto de resistencia que aseguró que sería recordada como una reina indomable. Con su desaparición, terminó la dinastía ptolemaica y Egipto fue anexado a Roma, pero Cleopatra trascendió el tiempo. Su vida y muerte se convirtieron en un símbolo de fortaleza femenina, una inspiración para generaciones futuras. Escritores y artistas han encontrado en ella una figura compleja y fascinante: una estratega brillante, una mujer apasionada y una líder que enfrentó las mayores adversidades con un coraje inquebrantable.

Cleopatra nos dejó una lección eterna: el poder no solo reside en la fuerza militar o en los tronos, sino también en la capacidad de preservar la dignidad frente a las mayores adversidades. Su último acto no fue una rendición, sino una declaración de libertad. Como lo expresó Plutarco: “Dejó un aroma de grandeza tras de sí, como si el universo no pudiera contener su espíritu después de su final”.

11. JESUCRISTO

La crucifixión que marcó la historia

Jesús de Nazaret, un predicador itinerante que proclamaba el amor, el perdón y el Reino de Dios, ganó una multitud de seguidores, pero también provocó la inquietud de las élites religiosas judías y del poder romano. Sus enseñanzas revolucionarias y su autoridad moral desafiaron al orden establecido. La traición de uno de sus discípulos, Judas Iscariote, selló su destino. Fue arrestado en el huerto de Getsemaní, donde, tras una noche de oración angustiosa, aceptó con serenidad el camino que debía recorrer.

Llevado ante las autoridades judías y luego ante Poncio Pilato, el gobernador romano, Jesús enfrentó un juicio marcado por la injusticia. Aunque Pilato no halló en él delito alguno que mereciera la muerte, cedió ante la presión de una multitud que clamaba: "¡Crucifícalo!". Según los Evangelios, Jesús fue azotado brutalmente, coronado con espinas en un acto de burla a su proclamación como "Rey de los Judíos", y obligado a cargar su cruz hasta el Gólgota.

La crucifixión, un castigo reservado para los criminales más despreciados, buscaba infligir un sufrimiento atroz y la humillación pública. Clavado en la cruz atravesando sus manos y pies, Jesús fue elevado para que su agonía fuera visible para todos. Durante horas soportó un dolor inimaginable, junto con las burlas y el desprecio de los espectadores. Sin embargo, incluso en ese tormento, pronunció palabras que resuenan a lo largo de los siglos: "Padre, perdónalos, porque no saben lo que hacen". Estas palabras no solo reflejan su compasión infinita, sino también su fidelidad a un mensaje de amor que trascendía el odio y la injusticia.

En sus últimos momentos, Jesús exclamó: "Dios mío, Dios mío, ¿por qué me has abandonado?", una cita del Salmo 22 que expresaba el abismo de su sufrimiento y, al mismo tiempo, su identificación con la experiencia humana más profunda. Poco después, entregó su espíritu diciendo: "Padre, en tus manos encomiendo mi espíritu". A su muerte, según los Evangelios, la tierra tembló y el velo del templo se rasgó, simbolizando el impacto cósmico y espiritual de su sacrificio.

Su cuerpo fue retirado de la cruz y colocado en un sepulcro prestado, propiedad de José de Arimatea. Tres días después, según la fe cristiana, Jesús resucitó, cumpliendo las profecías y ofreciendo a la humanidad la promesa de la vida eterna. Este evento, más aún que su crucifixión, cimentó la creencia en su divinidad y marcó el nacimiento de la fe cristiana.

El impacto de la crucifixión de Jesús trasciende las fronteras religiosas. Su sacrificio es un símbolo universal de redención, amor incondicional y resistencia al mal. Como expresó el teólogo Dietrich Bonhoeffer: "El Dios en la cruz es más cercano a nosotros que el dios triunfante en la gloria: en el sufrimiento de la cruz, vemos el amor que no abandona a nadie."

Jesús murió como vivió: con integridad y fidelidad a su mensaje. Su crucifixión no fue solo una ejecución, sino un acto que transformó la historia de la humanidad. Su sacrificio, más que un final, fue el principio de un movimiento que sigue inspirando a millones en su búsqueda de amor, perdón y esperanza.

12. San Pedro

La cruz invertida del apóstol

Pedro nació en Betsaida, un pequeño pueblo pesquero de Galilea. Era un hombre sencillo, dedicado al oficio de la pesca, hasta que conoció a Jesús, quien lo llamó para convertirse en "pescador de hombres". Pedro fue testigo de los milagros de Jesús y, aunque a menudo mostró dudas y debilidades humanas, su fe lo llevó a convertirse en el líder natural de los apóstoles. Según el Evangelio de Mateo, Jesús dijo a Pedro: "Tú eres Pedro, y sobre esta piedra edificaré mi iglesia". Tales palabras cimentaron su papel como la figura central en los comienzos del cristianismo.

Tras la muerte y resurrección de Jesús, Pedro se dedicó a predicar el Evangelio, viajando desde Jerusalén hasta Roma. Allí, en el corazón del Imperio, fundó una comunidad cristiana en medio de un ambiente hostil. Bajo el reinado de Nerón, los cristianos fueron perseguidos brutalmente, siendo acusados injustamente de incendiar la ciudad. Pedro, como líder de la iglesia en Roma, se convirtió en uno de los principales objetivos de la ira del emperador.

Según la tradición, Pedro fue arrestado y condenado a morir crucificado, una de las formas de ejecución más crueles de la época. Pero en un acto de profunda humildad, pidió ser crucificado cabeza abajo, argumentando que no era digno de morir del mismo modo que su maestro Jesús de Nazaret. Este gesto, recogido por fuentes tempranas como los filósofos Orígenes y Eusebio de Cesarea, refleja la esencia de su carácter: un hombre que, pese a sus defectos, vivió y murió con una fe inquebrantable.

La crucifixión de Pedro marcó el inicio de la tradición cristiana en Roma, y su tumba se convirtió en un lugar de veneración. Siglos después, la Basílica de San Pedro fue construida sobre ese lugar, consolidando su legado como el primer papa y símbolo de la iglesia.

San Pedro es recordado no solo por su liderazgo, sino también por su humanidad y fe en Cristo. Era impulsivo, a menudo temeroso, como cuando negó a Jesús tres veces la noche de su arresto. Pero también fue valiente y devoto, redimiéndose con una vida dedicada a su fe. Su muerte convertida en un acto de humildad y sacrificio, inspiró a generaciones de cristianos a seguir sus pasos.

Como dijo Pedro en una de sus cartas: "Es mejor sufrir haciendo el bien, si esa es la voluntad de Dios, que hacer el mal". Su cruz invertida no fue un signo de derrota, sino un testimonio de su amor y devoción a Cristo, un sacrificio que cimentó las bases de una fe que perdura hasta hoy.

13. AGRIPINA

Asesinada por orden de su hijo Nerón

Pocas figuras en la historia romana combinan poder, astucia y tragedia como Agripina la Menor. Madre del emperador Nerón, hermana de Calígula y esposa del emperador Claudio, fue una mujer cuya ambición la llevó a alcanzar la cúspide del poder en un mundo dominado por los hombres. Sin embargo, su destino estuvo marcado por la traición y la tragedia: fue asesinada por orden de su propio hijo, Nerón, en un acto que simboliza la crueldad y el caos de la política romana.

Nacida en el año 15 d.C., Agripina la Menor era hija de Germánico, uno de los generales más queridos de Roma, y Agripina la Mayor. Su linaje la situaba en el corazón del poder imperial. Desde joven, Agripina demostró una habilidad extraordinaria para navegar las intrigas de la corte, una cualidad que le permitió sobrevivir al reinado de su hermano, el emperador Calígula, conocido por su locura y crueldad.

Casada en varias ocasiones, su alianza más estratégica fue con el emperador Claudio, a quien convenció de adoptar a su hijo, Lucio Domicio, conocido como Nerón. A través de su influencia, Agripina allanó el camino para que Nerón ascendiera al trono, desplazando al heredero legítimo, Británico.

Como emperatriz y madre del heredero, Agripina ejerció un poder sin precedentes. Inteligente, calculadora y ambiciosa, fue el cerebro detrás de muchas decisiones de

Nerón en los primeros años de su reinado. Sin embargo, su deseo de controlar a su hijo fue su perdición. Nerón, que al principio toleró la influencia de su madre, comenzó a resentirse de su control, especialmente cuando alcanzó el poder absoluto. El deterioro de su relación se hizo evidente cuando Nerón buscó consolidar su autoridad eliminando a todos los que representaran una amenaza, incluida su madre. La ruptura final ocurrió cuando Agripina cuestionó las decisiones de Nerón y sus excesos, desafiando su autoridad.

La muerte de Agripina en el año 59 d.C. fue el resultado de una conspiración calculada. Nerón, decidido a librarse de su madre, ideó un plan para que pereciera en un naufragio, construyendo un barco diseñado para hundirse. Sin embargo, Agripina sobrevivió milagrosamente al intento, nadando hasta la costa. Enfurecido por su fracaso, Nerón ordenó que fuera ejecutada en su villa en Miseno. Agripina, al darse cuenta de su destino, mostró una valentía y dignidad que han sido relatadas por historiadores como Tácito. Según la tradición, cuando los soldados llegaron para matarla, habría señalado su vientre, diciendo: "Apuñálenme aquí, donde llevé a ese monstruo."

La muerte de Agripina marcó un punto de no retorno en el reinado de Nerón. Su matricidio consolidó su reputación como uno de los emperadores más despiadados y desquiciados de Roma. Para Agripina, su vida y muerte son un recordatorio de los riesgos de la ambición en un mundo gobernado por la intriga y la violencia. Ella fue una mujer que desafió las normas de su tiempo, alcanzando un poder extraordinario pero pagando un precio alto por ello. Su asesinato, orquestado por el hijo al que elevó al trono, es uno de los episodios más oscuros de la historia romana, un testimonio del lado más cruel y trágico del poder.

16. Boadicea

La reina celta y su último acto de rebeldía

Todo comenzó cuando el rey Prasutago, esposo de Boadicea, murió y dejó su reino bajo la protección de Roma, esperando que su linaje fuera respetado. Sin embargo, los romanos traicionaron su confianza, se apoderaron de sus tierras y maltrataron brutalmente a su familia. Según el historiador Tácito, los soldados romanos azotaron públicamente a Boadicea y violaron a sus hijas, un acto que encendió en ella una furia incontenible.

Boadicea reunió a las tribus celtas que habían sufrido bajo el yugo romano y lideró una revuelta masiva contra la potencia opresora. Con su cabello rojo al viento y montado en un carro de guerra decorado con lanzas, se convirtió en una figura imponente, casi divina, para su gente. Bajo su mando, los rebeldes arrasaron importantes asentamientos romanos, incluyendo Camulodunum (actual Colchester), Londinium (Londres) y Verulamium (St Albans), dejando tras de sí una estela de destrucción. Se dice que más de 70.000 romanos y aliados fueron masacrados en su campaña.

Sin embargo, la respuesta romana no tardó en llegar. El gobernador romano Cayo Suetonio Paulino, conocido por su dureza, reorganizó sus tropas y enfrentó a las fuerzas de Boadicea en una batalla decisiva. Aunque los celtas superaban en número a los romanos, su falta de disciplina y armamento inferior los dejó en desventaja. Según Tácito, Boadicea, viendo la derrota inminente, eligió morir antes de ser capturada. Se quitó la vida con veneno, prefiriendo la muerte a la humillación de ser exhibida como un trofeo en Roma.

La rebelión de Boadicea no logró expulsar a los romanos de Britania, pero dejó una huella imborrable en la historia. Los romanos, aunque vencedores, reforzaron su dominio con un respeto renovado hacia los celtas, sabiendo que su espíritu no podía ser sometido fácilmente.

Con el tiempo, la figura de Boadicea se convirtió en un símbolo de resistencia y orgullo nacional para Gran Bretaña. Durante el Renacimiento, resurgió como un emblema de independencia y coraje, y en la época victoriana, fue celebrada como una heroína que defendió su tierra frente a la opresión. Su estatua, erigida cerca del Parlamento en Londres, la muestra con sus hijas en su carro de guerra, un recordatorio de su lucha y su sacrificio.

En palabras del historiador Tácito, Boadicea era “una mujer de gran coraje, más capaz de liderar a su pueblo que cualquier hombre de su tiempo”. Su vida y muerte reflejan la fuerza indomable de quienes, incluso frente a la derrota, luchan por su libertad hasta el último aliento.

17. San Lorenzo

"Dadme vuelta, que por este lado ya estoy hecho"

Roma, 10 de agosto del año 258 d.C. En el fragor de una de las persecuciones más despiadadas contra los cristianos, bajo el mandato del emperador Valeriano, San Lorenzo enfrentó su martirio con una mezcla de valentía y humor que lo convirtió en uno de los santos más queridos y venerados de la Iglesia. Su muerte, según la tradición, no solo fue un testimonio de fe, sino también un acto de desafío cristiano, que resuena con una dignidad inquebrantable.

Lorenzo, originario de Hispania, se desempeñaba como diácono en Roma, encargado de la administración de los bienes de la Iglesia y la distribución de ayuda a los pobres. Su labor caritativa y su cercanía con el Papa Sixto II lo convirtieron en una figura clave durante un período en el que ser cristiano implicaba un gran riesgo. En el año 258, el emperador Valeriano decretó que todos los líderes cristianos debían ser ejecutados y sus propiedades confiscadas.

El Papa Sixto II fue arrestado y decapitado; y Lorenzo, al ser el responsable de los bienes de la Iglesia, fue llamado a comparecer. Según la leyenda, el prefecto romano exigió que entregara los tesoros de la Iglesia católica. Lorenzo, con astucia, pidió tres días para reunirlos. Durante ese tiempo, distribuyó las riquezas entre los pobres y luego presentó ante las autoridades a los indigentes, enfermos y marginados, declarando: "Estos son los verdaderos tesoros de la

Iglesia". Su gesto enfureció al prefecto, quien ordenó su ejecución inmediata.

El martirio de Lorenzo es uno de los más emblemáticos de la tradición cristiana. Fue condenado a morir asado sobre una parrilla, un castigo cruel diseñado para prolongar el sufrimiento. Sin embargo, incluso en medio de su agonía, Lorenzo mostró un espíritu inquebrantable. La tradición cuenta que, mientras era quemado, dijo con serenidad y humor: "Dadme vuelta, que por este lado ya estoy hecho". Su frase, cargada de ironía, ha quedado grabada en la memoria colectiva como símbolo de su valor y su fe inquebrantable.

Tras su muerte, los cristianos recuperaron su cuerpo y lo enterraron en una catacumba que luego se convertiría en la Basílica de San Lorenzo Extramuros, una de las iglesias más importantes de Roma. Su festividad, celebrada el 10 de agosto, recuerda no solo su martirio, sino también su espíritu de servicio y su compromiso con los más necesitados. San Lorenzo se convirtió en el santo patrón de los diáconos, los pobres y los cocineros, un detalle que refleja tanto su vida como las circunstancias de su muerte. Su legado perdura como un ejemplo de generosidad, valentía y fe, recordándonos que, incluso en los momentos más oscuros, es posible enfrentar la adversidad con dignidad y esperanza.

18. ZENOBIA

La reina guerrera de Palmira

Palmyra, Siria, 274 d.C. Zenobia, la audaz y carismática reina de Palmira, murió tras haber desafiado al todopoderoso Imperio Romano. Su vida y su legado, marcados por la valentía, la inteligencia y el liderazgo, se convirtieron en un símbolo de resistencia y fortaleza femenina en la historia antigua. Aunque derrotada militarmente, su nombre sigue brillando como un faro de inspiración.

Nacida en el siglo III en la próspera ciudad oasis de Palmira, Zenobia creció rodeada de la riqueza y la diversidad cultural de un enclave que conectaba las rutas comerciales entre Oriente y Occidente. Desde joven, destacó por su educación e inteligencia, dominando varios idiomas, incluyendo el griego, el arameo y el latín. También fue conocida por su excepcional destreza física, cualidades que más tarde definirían su liderazgo. Zenobia se casó con Septimio Odenato, gobernador de Palmira y vasallo del Imperio Romano. Juntos, lograron defender el Oriente romano de las amenazas persas y consolidaron el poder de Palmira. Sin embargo, tras el asesinato de Odenato en 267 d.C., Zenobia asumió el poder como regente de su hijo, Vaballathus. Pronto, pasó de ser una figura simbólica a liderar con una determinación absoluta, transformándose en una soberana de pleno derecho.

Bajo su gobierno, Palmira alcanzó su apogeo. Zenobia expandió sus territorios, anexionando partes de Egipto, Asia Menor y Mesopotamia. Durante su reinado, promovió el comercio y las artes, construyó monumentos y consolidó su ciudad como un centro cultural y económico en el mundo antiguo. A pesar de su política expansionista, Zenobia mantuvo una imagen de líder culta y moderada, ganándose el respeto de aliados y adversarios. En el campo militar, Zenobia mostró un coraje que desafió las normas de su tiempo. No solo dirigió a sus tropas desde la retaguardia, sino que lideró personalmente en el campo de batalla, enfrentándose al poderoso ejército romano. Su valentía y capacidad estratégica infligieron importantes derrotas a las legiones romanas, consolidando su reputación como una de las reinas guerreras más formidables de la antigüedad.

Sin embargo, el poder de Roma no tardaría en reaccionar. En 273 d.C., el emperador Aureliano, decidido a restaurar el control sobre las provincias orientales, marchó contra Palmira. A pesar de la resistencia heroica de Zenobia y su ejército, las fuerzas romanas superaron en número y recursos a los defensores de Palmira. Finalmente, tras una serie de derrotas, Zenobia fue capturada mientras intentaba huir hacia Persia. Entonces fue llevada a Roma como prisionera, donde Aureliano la exhibió como parte de su desfile triunfal, un gesto diseñado para demostrar la supremacía romana. Pero, incluso en la derrota, Zenobia mantuvo su dignidad, enfrentándose a su destino con la misma valentía que había mostrado en el campo de batalla.

El final de Zenobia es un misterio que ha alimentado numerosas leyendas. Algunas fuentes afirman que murió en cautiverio, mientras que otras sugieren que Aureliano, impresionado por su inteligencia y nobleza, le permitió vivir en una villa en las cercanías de Roma, donde pasó el resto de sus días en relativa paz. Sea cual fuere la verdad, Zenobia dejó un legado imborrable. La vida y la muerte de Zenobia no solo reflejan el auge y caída de una reina, sino también el coraje de una mujer que desafió las normas de su tiempo, lideró un reino próspero y luchó hasta el final por la independencia. En una era dominada por hombres, Zenobia se erigió como un modelo de fuerza, liderazgo y resistencia. Su historia sigue siendo un recordatorio de que incluso en la derrota, la dignidad y el valor pueden convertir a una persona en leyenda.

19. San Sebastián

La iconografía del martirio

Roma, finales del siglo III d.C. En una época de intensas persecuciones contra los cristianos, San Sebastián se convirtió en uno de los mártires más venerados de la Iglesia. Su figura, atravesada por flechas y llena de serenidad, ha inspirado obras de arte, literatura y devoción religiosa a lo largo de los siglos, convirtiéndose en un símbolo del sufrimiento transformado en fe.

Sebastián nació en Narbona, en la actual Francia, pero creció en Milán. Se alistó en el ejército romano, no solo por su valentía, sino también para ayudar en secreto a los cristianos perseguidos. Aunque sirvió como oficial de la guardia del emperador, su verdadera lealtad estaba con Cristo. Según la tradición, Sebastián consolaba a los prisioneros cristianos, fortalecía su fe y los preparaba para enfrentar el martirio. Fue descubierto cuando convertía al cristianismo a dos prisioneros, los hermanos Marcos y Marcelino, lo que desató la ira del emperador Diocleciano.

Sebastián fue arrestado y condenado a morir atravesado por flechas, una ejecución diseñada para ser lenta y dolorosa. Según los relatos históricos, fue atado a un árbol o poste y le dispararon repetidamente los arqueros del ejército. Sin embargo, la tradición cuenta que, milagrosamente, Sebastián no murió. Fue encontrado con vida por Irene, una viuda cristiana que lo curó a escondidas. Luego de esta salvación milagrosa, en lugar de huir o esconderse, Sebastián decidió enfrentarse nuevamente a Diocleciano, denunciando su crueldad y defendiendo la fe cristiana. Esta vez, el emperador ordenó que fuera golpeado hasta la muerte con bastones y su cuerpo arrojado a las cloacas de Roma para borrar cualquier rastro de su martirio.

En cambio, los cristianos recuperaron su cuerpo y lo enterraron en las catacumbas, en un lugar que pronto se convirtió en centro de peregrinación. Su imagen, con flechas clavadas en su cuerpo, simboliza el triunfo del espíritu sobre el sufrimiento físico. Durante la Edad Media, San Sebastián fue especialmente venerado como protector contra la peste, ya que las flechas se asociaban con los castigos divinos.

Artistas como El Greco, Botticelli y Rubens han inmortalizado su martirio, representándolo no solo como un santo, sino como una figura de belleza y fortaleza espiritual. San Sebastián también se convirtió en un símbolo de resistencia frente a la adversidad, una inspiración tanto para creyentes como para artistas y escritores a lo largo de los siglos. Se dice que Sebastián no solo murió por su fe: vivió para fortalecer la de otros. Como escribió San Ambrosio: “El mártir es testigo no solo de la verdad, sino del amor que vence incluso en el dolor”. Su vida y su muerte nos recuerdan que la fe y la valentía pueden transformar el sufrimiento en esperanza.

20. Hipatia de Alejandría

La mártir del conocimiento

Alejandría, 415 d. C. En una ciudad que fue durante siglos el epicentro del saber y la ciencia, Hipatia, filósofa y matemática, encontró un trágico final a manos de una turba enfurecida. Su asesinato, perpetrado por fanáticos religiosos, marcó no solo el fin de su vida, sino también el ocaso de una era de esplendor intelectual en la que la razón había florecido.

Nacida alrededor del año 360 d. C., Hipatia fue hija de Teón, un renombrado matemático y astrónomo. Desde joven, destacó por su inteligencia y curiosidad, cultivándose en filosofía, matemáticas y astronomía bajo la guía de su padre. Con el tiempo, se convirtió en una figura prominente en el Museo de Alejandría, continuando el legado de esta institución como símbolo del saber universal. Hipatia no solo sobresalió por su conocimiento, sino también por su elocuencia y capacidad para inspirar a estudiantes de diversas creencias —paganos, cristianos y judíos—, quienes acudían a ella en busca de guía y sabiduría.

Como directora de la escuela neoplatónica de Alejandría, Hipatia defendió la filosofía clásica en un tiempo de intensas tensiones religiosas y políticas. Era una firme creyente en la búsqueda de la verdad a través de la razón, un enfoque que la convirtió en un faro de la libertad intelectual. Sin embargo, su prominencia y sus ideales la situaron en el centro de los conflictos de su tiempo. Para los fanáticos religiosos, Hipatia encarnaba el paganismo y el viejo orden, mientras que el cristianismo se consolidaba como la religión dominante en el Imperio Romano.

El conflicto político entre Cirilo, patriarca cristiano de Alejandría, y Orestes, prefecto imperial de la ciudad, fue el detonante de su tragedia. Hipatia, respetada consejera de Orestes, fue acusada por los seguidores de Cirilo de instigar las tensiones entre ambos líderes. Alimentados por rumores y el fervor fanático, los enemigos de Hipatia la señalaron como un obstáculo para la hegemonía cristiana.

En marzo de 415, una turba radical interceptó a Hipatia mientras regresaba a su hogar. Según las crónicas, fue arrastrada hasta una iglesia, despojada de su ropa, golpeada brutalmente con tejas y desmembrada. Sus restos fueron quemados públicamente en un acto simbólico de condena no solo a su persona, sino a las ideas que representaba: la razón, la ciencia y el libre pensamiento.

Sin embargo, el asesinato de Hipatia conmocionó al mundo antiguo. Filósofos como Damascio lamentaron la pérdida de una mujer que había sido el paradigma de la búsqueda del conocimiento. Aunque su muerte fue presentada en su tiempo como un triunfo del cristianismo sobre el paganismo, con los siglos se ha reinterpretado como un símbolo del peligro del fanatismo y la intolerancia frente al espíritu libre del pensamiento. Hipatia es recordada como la última gran científica del mundo antiguo y como un emblema de la resistencia frente a la ignorancia y la opresión. Su vida y su trágico final han inspirado a generaciones de pensadores, escritores y activistas que ven en ella una figura inmortal de la lucha por la razón, la ciencia y la igualdad. En palabras del astrónomo Carl Sagan: "Cuando el templo de Serapis fue destruido, y la biblioteca de Alejandría saqueada, Hipatia fue sacrificada, y con ella, el espíritu de la razón".

21. Tomás Becket

La disputa entre la iglesia y la corona

Catedral de Canterbury, 29 de diciembre de 1170. Un grito resonó en las paredes de piedra: "¡Por el Rey!" Cuatro caballeros armados irrumpieron en el recinto sagrado y atacaron a Tomás Becket, el arzobispo de Canterbury. El altar se tiñó de sangre, marcando uno de los momentos más impactantes de la historia medieval inglesa: el martirio de un hombre que eligió la fidelidad a su fe sobre la lealtad política.

Tomás Becket, nacido en Londres en 1119, comenzó su carrera como servidor del rey Enrique II de Inglaterra. Inteligente, ambicioso y con un don para la diplomacia, se convirtió pronto en canciller del reino, ganándose la confianza y amistad del monarca. Cuando el cargo de arzobispo de Canterbury quedó vacante, Enrique lo designó, pensando que Becket sería un aliado político dentro de la Iglesia. Sin embargo, su relación dio un giro inesperado cuando Becket asumió su papel eclesiástico con una devoción absoluta, priorizando la autoridad de la Iglesia sobre las ambiciones del rey.

La disputa entre Enrique y Becket se centró en los derechos y privilegios de la Iglesia frente al poder real. Becket se opuso firmemente a las "Constituciones de Clarendon", un conjunto de leyes que limitaban la independencia eclesiástica. Este conflicto escaló hasta el punto de que Becket se vio obligado a exiliarse en Francia durante seis años.

Finalmente, tras una aparente reconciliación, regresó a Inglaterra, pero las tensiones con el monarca persistieron.

El punto culminante llegó cuando Enrique, frustrado por la oposición de Becket, exclamó: "¿Nadie me librará de este cura turbulento?" Aunque posiblemente dichas palabras fueron una expresión de frustración y no una orden directa, cuatro caballeros tomaron al pie de la letra el deseo del rey y partieron hacia Canterbury. Y el 29 de diciembre, entraron en la catedral, se enfrentaron a Becket y, tras un tenso intercambio, lo asesinaron brutalmente frente al altar mayor. Según los testigos, el último golpe fue tan fuerte que la espada rompió su cráneo, esparciendo sangre y cerebro sobre el suelo sagrado. La imagen del arzobispo caído, vestido con sus vestimentas litúrgicas, horrorizó a Europa y convirtió a Becket en mártir casi de inmediato.

Enrique II, alarmado por la reacción pública y temeroso de las represalias de la Iglesia, realizó actos de penitencia pública, incluyendo caminar descalzo hasta la catedral y recibir azotes de los monjes de Canterbury. Mientras tanto, el santuario de Tomás Becket se convirtió en uno de los principales lugares de peregrinación de la Europa medieval. En 1173, solo tres años después de su muerte, fue canonizado por el Papa Alejandro III.

Becket no solo es recordado por su martirio, sino también como un símbolo de resistencia frente a la tiranía y de la lucha por la libertad de conciencia. Su vida y muerte plantean preguntas universales sobre la relación entre el poder espiritual y el político, una cuestión que sigue resonando hoy. Como escribió T.S. Eliot en su obra *Asesinato en la catedral*: "El martirio no es el final de algo, sino el principio de todo lo demás".

22. Ricardo Corazón de León

El rey cruzado

Châlus, Francia, 6 de abril de 1199. Ricardo I de Inglaterra, conocido como Ricardo Corazón de León, murió a los 41 años debido a una infección tras ser alcanzada por una flecha mientras asediaba el castillo de Châlus-Chabrol. Su muerte fue tan simbólica como su vida: un guerrero que encontró su final en el campo de batalla, manteniendo hasta el último aliento la valentía que lo convirtió en leyenda. Su figura encarna el ideal medieval del héroe que lucha y muere por sus principios, la gloria y el honor.

Nacido en 1157 en Oxford, Ricardo fue el tercer hijo de Enrique II de Inglaterra y Leonor de Aquitania. Desde joven, mostró un carácter independiente y una inclinación hacia la guerra y la política. Su madre, una de las mujeres más influyentes de la época, le inculcó el amor por la poesía y la caballería, mientras que su padre le enseñaba las tácticas de gobierno y la disciplina militar. A lo largo de su vida, Ricardo se destacó como un líder valiente y carismático, más interesado en la guerra y la conquista que en la administración de su reino. El episodio más destacado de su vida fue la Tercera Cruzada (1189-1192), una expedición destinada a recuperar Jerusalén tras su caída en manos del sultán Saladino. Ricardo partió hacia Tierra Santa con un ejército numeroso y una determinación implacable. Durante la campaña, demostró una destreza militar extraordinaria, logrando victorias significativas como la conquista de Acre y la victoria en la Batalla de Arsuf. Aunque no pudo recuperar Jerusalén, logró un acuerdo con Saladino que garantizó el acceso de los peregrinos cristianos a la ciudad sagrada.

La relación entre Ricardo y Saladino, basada sobre el respeto mutuo, se convirtió en uno de los capítulos más fascinantes de las cruzadas. Saladino, aunque enemigo, reconocía en Ricardo a un adversario digno, y ambos líderes compartieron gestos de caballerosidad que trascendieron las diferencias religiosas y culturales. A su regreso a Europa, Ricardo se encontró con un reino sumido en tensiones políticas y territoriales. Pasó gran parte de sus últimos años defendiendo sus tierras en Francia contra Felipe II de Francia, su antiguo aliado en la cruzada, ahora convertido en enemigo. Fue durante uno de estos conflictos, en el asedio al castillo de Châlus-Chabrol, cuando Ricardo recibió la herida fatal. El disparo que lo alcanzó fue realizado por un joven arquero llamado Pierre Basile. Aunque el rey ordenó que el arquero fuera capturado, mostró clemencia al perdonarle la vida antes de morir. Según las crónicas, las últimas palabras de Ricardo fueron un acto de compasión hacia su verdugo, un gesto que refleja la mezcla de dureza y nobleza que definió su carácter.

La ironía de su muerte —causada por una flecha disparada por un joven campesino, lejos de los grandes campos de batalla donde se había forjado su leyenda— subraya la fragilidad de la vida humana, incluso para los héroes más poderosos. A pesar de haber enfrentado a grandes ejércitos y derrotado a enemigos formidables, Ricardo murió por una herida aparentemente menor, recordándonos que incluso los grandes guerreros son vulnerables ante el destino. Su muerte, sin embargo, no redujo su legado. Ricardo Corazón de León fue grabado por su coraje, su sentido del honor y su compromiso con la causa cristiana. Para muchos, encarna el ideal caballeresco del héroe cruzado, dispuesto a sacrificarlo todo por sus ideales. Como escribió el cronista Roger de Hoveden: “Ricardo vivió y murió como un león, valiente en la batalla y magnánimo en la muerte”.

23. Gengis Kan

El secreto detrás de su tumba

Mongolia, 18 de agosto de 1227. Gengis Kan, el guerrero implacable que unificó las tribus mongolas y creó el imperio terrestre más grande de la historia, murió a los 65 años, dejando un legado de conquistas y un enigma que perdura hasta hoy: la ubicación de su tumba. Su muerte, envuelta en misterio, refleja tanto la grandeza de su figura como el temor que inspiraba en sus seguidores y enemigos.

Nacido en 1162 en las vastas estepas de Mongolia, Gengis Kan vino al mundo como Temüjin, en una familia tribal que pronto enfrentó la tragedia. La muerte de su padre por envenenamiento dejó a su familia vulnerable y abandonada por su clan. Temüjin aprendió que la supervivencia dependía de la astucia, la lealtad y la fuerza. A lo largo de los años, mostró una habilidad extraordinaria para unir a las tribus mongolas fragmentadas, creando una fuerza militar imparable. En 1206, tras consolidar su poder, fue proclamado Gengis Kan, o "emperador universal", comenzando una de las expansiones territoriales más asombrosas de la historia. Bajo su liderazgo, el Imperio Mongol conquistó vastas regiones desde China hasta Europa del Este. Gengis Kan no solo fue un maestro de la guerra, conocido por sus tácticas innovadoras y su capacidad de movilizar grandes ejércitos, sino también un líder político que supo crear un imperio multicultural. Su imperio promovió el comercio a lo largo de la Ruta de la Seda, conectando Oriente y Occidente en un intercambio sin precedentes de bienes, ideas y tecnologías. Sin embargo, su legado también está marcado por la brutalidad de sus campañas, con ciudades enteras arrasadas y poblaciones masacradas.

La muerte de Gengis Kan ocurrió en 1227, mientras lideraba una campaña militar contra el Imperio Xia Occidental. Las circunstancias de su fallecimiento son motivo de especulación. Algunas fuentes dicen que murió al caer de su caballo y sufrir heridas mortales. Otras sugieren que fue asesinado o envenenado. Incluso hay relatos que dicen que fue atacado por la esposa de un enemigo derrotado. A pesar de las distintas teorías, la única certeza es que su muerte fue envuelta en secretismo, al igual que su entierro. Según la tradición, el lugar de descanso de Gengis Kan fue mantenido en el más absoluto secreto. Se dice que sus seguidores mataron a todos los que participaron en el entierro y que un grupo de soldados cabalgó sobre el terreno para borrar cualquier rastro. Según algunas leyendas, un río fue desviado para cubrir su tumba, mientras que otras versiones aseguran que un bosque fue plantado sobre ella. La tumba de Gengis Kan ha sido buscada durante siglos por arqueólogos y aventureros, pero hasta la fecha sigue siendo un enigma.

La muerte de Gengis Kan marcó el fin de una era de conquistas implacables, pero su imperio continuó expandiéndose bajo sus sucesores. La dinastía Yuan en China, establecida por su nieto Kublai Kan, es solo uno de los muchos ejemplos de la huella duradera de Gengis Kan en el mundo. En Mongolia, sigue siendo venerado como un héroe nacional y símbolo de unidad y fortaleza. En la historia mundial, su figura evoca tanto admiración como temor, un conquistador que cambió para siempre el mapa político y cultural del mundo. El secreto de su tumba es, quizás, el último vestigio de su genio estratégico. Al desaparecer, Gengis Kan aseguró que su historia continuaría siendo contada a través de los siglos, alimentando leyendas y misterios. Como dijo una vez: "La conquista es fácil, lo difícil es gobernar".

24. San Francisco de Asís

La paz en la pobreza

Francisco nació en 1181 o 1182 en Asís, en el seno de una familia adinerada. Su juventud estuvo marcada por una vida de placeres mundanos, fiestas y sueños de gloria caballeresca. Sin embargo, tras una traumática experiencia como prisionero de guerra y una serie de visiones divinas, su vida dio un giro radical. En un acto profundamente simbólico, Francisco se despojó de sus ropas y bienes ante su padre, declarando que, a partir de ese momento, solo reconocería a Dios como su Padre. Este acto marcó el inicio de su camino de entrega absoluta.

Guiado por el profundo deseo de vivir conforme al Evangelio, Francisco abrazó la pobreza total, predicando en las plazas y mendigando para subsistir. Fundó la Orden de los Frailes Menores, cuyos miembros se comprometían a vivir sin posesiones, sirviendo a los más pobres y marginados. En una época de excesos y corrupción dentro de la Iglesia, el mensaje de Francisco de simplicidad y amor resonó como una llamada a la renovación espiritual.

La relación de Francisco con la naturaleza era una extensión de su fe. Veía la creación como una manifestación directa del amor de Dios. En su famoso *Cántico de las Criaturas,* alabó al sol, la luna, las estrellas y todos los seres vivos como hermanos y hermanas en la creación divina. Esta visión radicalmente inclusiva no solo inspiró a sus seguidores, sino que también anticipó las preocupaciones contemporáneas por el medio ambiente dentro de la espiritualidad cristiana.

En los últimos años de su vida, Francisco sufrió numerosas dolencias, agravadas por sus constantes ayunos y penitencias. En 1224, mientras oraba en el monte Alvernia, recibió los estigmas, las marcas de las heridas de Cristo en su cuerpo, convirtiéndose en el primer santo en experimentar este fenómeno. Aunque las heridas eran consideradas milagrosas, le causaron un gran sufrimiento físico. A pesar de ello, Francisco aceptó su dolor con una serenidad ejemplar, viéndolo como una oportunidad para unirse más profundamente a Cristo.

Sus últimos días los pasó rodeado de sus hermanos, recitando salmos y expresando gratitud por la vida que Dios le había dado. Según los relatos, pidió ser colocado desnudo sobre la tierra al morir, un acto que simbolizaba su compromiso total con la pobreza y su deseo de abandonar este mundo de la misma forma humilde con la que había vivido. Francisco falleció el 3 de octubre de 1226, en paz y con una fe inquebrantable.

Fue canonizado solo dos años después de su muerte, en 1228, y su tumba en Asís se convirtió en un lugar de peregrinación para millones de cristianos. Su legado perdura como un recordatorio de que la verdadera riqueza no reside en lo material, sino en el amor, la compasión y la sencillez. En palabras de Francisco: “Empieza haciendo lo necesario, luego haz lo posible, y de repente estarás haciendo lo imposible”.

25. Santa Catalina de Siena

La muerte mística

Roma, 29 de abril de 1380. En un pequeño cuarto cerca de la iglesia de Santa María Sopra Minerva, una mujer de solo 33 años exhalaba su último suspiro. Catalina de Siena, mística, reformadora y una de las figuras más influyentes de su tiempo, murió tras años de dedicación al servicio espiritual y político, dejando un legado que marcaría profundamente a la Iglesia Católica.

Catalina nació en Siena en 1347, fue la menor de 25 hermanos. Desde joven mostró una espiritualidad excepcional, afirmando haber tenido visiones de Cristo y de la Virgen María. A los 16 años ingresó en la Tercera Orden de los Dominicos, dedicándose a la oración, la penitencia y el servicio a los pobres y enfermos. Su fe era tan intensa que alcanzó lo que se conoce como un matrimonio místico con Cristo, en el que se le concedió un anillo invisible como símbolo de su unión espiritual.

Aunque no recibió una educación formal, Catalina escribió numerosas cartas y tratados teológicos que demostraron una sabiduría impresionante. En su obra más conocida, *El Diálogo*, relató sus conversaciones místicas con Dios, en las que abordaba temas de amor divino, justicia y reforma espiritual. Catalina defendió la necesidad de un liderazgo ético y piadoso dentro de la Iglesia, y su influencia fue tal que se convirtió en consejera de papas, reyes y nobles.

El momento político y religioso en el que vivió Catalina estuvo marcado por el Cisma de Aviñón, un período en el que el papado se trasladó de Roma a Francia. Catalina trabajó incansablemente para convencer al Papa Gregorio XI de regresar a Roma, una misión que logró en 1377. Sin embargo, este triunfo no puso fin a las divisiones dentro de la Iglesia y Catalina continuó escribiendo y mediando para buscar la unidad y la reforma.

A lo largo de su vida, Catalina experimentó fenómenos místicos extraordinarios, incluyendo los estigmas, marcas en su cuerpo que representaban las heridas de Cristo en la cruz. Aunque invisibles en vida, se dice que se hicieron visibles tras su muerte, un detalle que reforzó su fama como santa. En sus últimos años, Catalina se debilitó debido a las intensas penitencias y ayunos que practicaba. Murió en Roma rodeada de sus seguidores, pronunciando palabras de entrega absoluta a Dios: "Padre eterno, en tus manos encomiendo mi alma". Su cuerpo fue enterrado en la iglesia de Santa María Sopra Minerva, donde aún se conserva su tumba, mientras que su cabeza fue trasladada a Siena como reliquia.

Catalina fue canonizada en 1461 y proclamada Doctora de la Iglesia en 1970, uno de los títulos más altos que se otorgan a figuras eclesiásticas. Es recordada no solo como una mística, sino como una reformadora valiente que enfrentó las injusticias de su tiempo con una fe inquebrantable. En sus propias palabras está la síntesis de su existencia: "Nada grande se ha hecho nunca sin sufrimiento". Catalina de Siena vivió y murió bajo esta máxima, ofreciendo su vida como un testimonio de amor divino y compromiso con la verdad.

26. JOHANNES GUTENBERG

Reinventor de la imprenta

Mainz, Alemania, 3 de febrero de 1468. Johannes Gutenberg, el inventor de la imprenta de tipos móviles, murió a los 70 años, dejando un legado que cambiaría para siempre la historia de la humanidad. Gutenberg no solo creó una herramienta tecnológica, sino que puso en marcha una transformación cultural que marcó el fin de la Edad Media y el inicio de la Edad Moderna.

Nacido en Mainz, Alemania, hacia 1400, en el seno de una familia acomodada, Johannes Gensfleisch zur Laden —conocido como Gutenberg— vivió en una época en la que los libros eran bienes extremadamente raros y valiosos. Cada libro debía ser copiado a mano por monjes y artesanos en un proceso lento y laborioso, lo que limitaba el acceso al conocimiento a las élites religiosas y aristocráticas. Desde joven, Gutenberg se interesó por encontrar una forma de democratizar la palabra escrita y hacerla accesible para un público más amplio. Esta visión lo llevó a crear la impresión de tipos móviles, un invento que transformaría el mundo en términos sociales, políticos, culturales y religiosos.

El proceso de impresión que desarrolló Gutenberg fue revolucionario. Basándose en tecnologías previas, como los sellos de madera y los bloques de impresión utilizados en Asia, perfeccionó una máquina que utilizaba letras de metal reutilizables y tinta resistente, lo que permitiría imprimir múltiples copias de un mismo texto de manera rápida y eficiente. Esta técnica, combinada con una prensa de vino modificada, permitió la creación de libros a gran escala por primera vez en la historia. La obra maestra de Gutenberg, la llamada *Biblia de Gutenberg*, fue impresa en 1455 y es considerada la primera gran obra impresa con tipos móviles. Esta Biblia, de 42 líneas por página, es un símbolo del cambio radical que su invención trajo al mundo. Hasta entonces, poseer un libro era un privilegio reservado a unos pocos, pero la imprenta permitió que el conocimiento comenzara a circular de manera masiva. Esto abrió las puertas a la difusión de las ideas humanistas del Renacimiento, aceleró la Reforma Protestante y facilitó el desarrollo de la Revolución Científica.

A pesar del impacto de su invento, la vida de Gutenberg no fue fácil. Su proyecto fue financiado inicialmente por Johann Fust, un prestamista que más tarde le retiró el apoyo y quedó con parte de la maquinaria y los derechos de impresión. Gutenberg sufrió dificultades financieras durante gran parte de su vida y no obtuvo grandes beneficios económicos de su creación. Sus últimos años estuvieron marcados por la pobreza y el anonimato. Murió en relativa oscuridad, sin ser plenamente consciente del impacto global que tendría su invención.

Pero el impacto de la imprenta fue monumental. La posibilidad de difundir textos de manera masiva rompió el monopolio que la Iglesia y las élites tenían sobre el conocimiento. Las ideas de Martín Lutero durante la Reforma Protestante se difundieron gracias a los panfletos impresos, y los científicos de la Revolución Científica pudieron compartir sus descubrimientos con rapidez y eficiencia. Gutenberg, con su invento, sentó las bases para el desarrollo del periodismo, la literatura moderna y la educación universal.

El legado de Gutenberg se extiende hasta nuestros días. Su invención marcó el inicio de la comunicación moderna y sigue siendo la base del mundo editorial y del intercambio de información en la actualidad. Aunque la tecnología ha evolucionado hacia lo digital, la esencia de la impresión sigue viva en cada libro, periódico y contenido que se comparte en el mundo.

Hoy, Gutenberg es recordado como uno de los personajes más influyentes de la historia. Sin embargo, su vida y su muerte también nos enseñan que el impacto de una persona no siempre se mide en términos de riqueza o prestigio inmediato, sino en el poder transformador de sus acciones. La imprenta fue más que un invento tecnológico: fue un acto de liberación del conocimiento, una herramienta que permitió a las personas acceder a ideas, información y cultura como nunca antes. Cada libro, cada texto impreso, cada idea que se difunde en el mundo actual tiene su origen en la imprenta de tipos móviles que él perfeccionó. Como escribió Mark Twain: “La imprenta es el evento más importante del segundo milenio”.

27. Juana de Arco

La doncella quemada por su fe

Juana nació en Domrémy, un pequeño pueblo en la región de Lorena, en el seno de una humilde familia campesina. Desde temprana edad afirmó escuchar voces de santos y ángeles que le ordenaban liberar a Francia del dominio inglés durante la Guerra de los Cien Años. Convencida de su misión divina, la joven viajó al castillo de Chinon, donde impresionó al delfín Carlos, el futuro Carlos VII, con su fervor y confianza.

Contra todas las expectativas, esta adolescente analfabeta comandó tropas francesas en la batalla de Orleans, logrando una victoria decisiva que cambió el curso de la guerra. Vestida con una armadura blanca y llevando un estandarte con la inscripción "Jesús-María", lideró a sus hombres con un coraje inquebrantable. Su éxito inspiró al ejército francés y dio nueva esperanza a un país devastado por el conflicto.

Sin embargo, su gloria fue efímera. En 1430, mientras defendía la ciudad de Compiègne, Juana fue capturada por los borgoñones, aliados de los ingleses, y vendida a sus enemigos. Fue entregada a un tribunal eclesiástico en Ruan, donde fue juzgada por herejía y brujería. El juicio estuvo plagado de irregularidades y motivado por intereses políticos: Juana representaba una amenaza para el control inglés en Francia y durante el juicio, demostró una inteligencia sorprendente, refutando las acusaciones con respuestas que dejaron perplejos a sus inquisidores. Pero su condena ya estaba decidida. La acusaron de usar ropa masculina, lo que violaba las normas de la Iglesia, y de afirmar que seguía órdenes directas de Dios. Fue declarada culpable de herejía y sentenciada a morir en la hoguera.

En sus últimos momentos, Juana pidió un crucifijo y lo sostuvo mientras las llamas subían a su alrededor. Según los testigos, murió proclamando el nombre de Jesús, lo que conmovió incluso a algunos de sus verdugos. Su muerte, lejos de silenciarla, la convirtió en mártir y símbolo de la resistencia francesa.

Veinticinco años después de su ejecución, un nuevo juicio promovido por el Papa Calixto III anuló su condena y la declarada inocente, reconociendo el error de su ejecución. En 1920, fue canonizada como santa por la Iglesia Católica, convirtiéndose en un modelo de fe, valentía y patriotismo.

Juana de Arco dejó un legado que trasciende la historia de Francia. Su vida y muerte ejemplifican el poder de la fe y la determinación frente a la adversidad. Como escribió Mark Twain en su ensayo sobre ella: "Juana es, por derecho, la más extraordinaria persona que jamás ha vivido en este mundo, hombre o mujer".

28. Cristóbal Colón

Descubridor de América

Valladolid, España, 20 de mayo de 1506. Cristóbal Colón, el navegante que alteró para siempre el curso de la historia con sus viajes hacia el Nuevo Mundo, murió a los 54 años en una habitación modesta, lejos de la gloria que había soñado. Su fallecimiento marcó el final de una vida que, a pesar de los fracasos y las desilusiones, dejó un impacto irreversible en la humanidad.

Nacido en 1451, quizás en Génova (el lugar de su nacimiento sigue siendo objeto de mucho debate), Colón fue un hombre impulsado por una obsesión: encontrar una ruta marítima hacia las riquezas del Lejano Oriente navegando hacia el oeste. En una Europa donde las rutas comerciales hacia Asia estaban bloqueadas tras la caída de Constantinopla, su propuesta era revolucionaria, pero también arriesgada. Durante años, fue rechazado por varias cortes europeas hasta que, finalmente, los Reyes Católicos, Isabel y Fernando, decidieron apoyar su expedición. Colón convenció a la monarquía no solo con su tenacidad, sino con una fe inquebrantable en su misión. Esta determinación lo llevó a zarpar del puerto de Palos de la Frontera el 3 de agosto de 1492, con tres barcos: la Santa María, la Pinta y la Niña.

El 12 de octubre de 1492, tras semanas de incertidumbre y miedo entre su tripulación, Colón y sus hombres avistaron tierra. Habían llegado a lo que hoy conocemos como las Bahamas. Colón estaba convencido de que había alcanzado las islas orientales de Asia, pero, sin saberlo, había descubierto un continente que cambiaría para siempre la historia del mundo. Ese viaje marcó el inicio de un proceso de colonización y conquista que transformó tanto a Europa como a América.

Sin embargo, la vida de Colón no fue una sucesión de éxitos. A pesar de su descubrimiento, sus expediciones posteriores quedaron marcadas por fracasos y conflictos. Fue nombrado gobernador de las tierras descubiertas, pero su gobierno fue duramente criticado y en 1500, fue arrestado y enviado a España encadenado, una humillación que jamás olvidaría. Aunque los Reyes Católicos lo liberaron y le ofrecieron una compensación, nunca recuperó su prestigio ni el control sobre las tierras que había descubierto. Y los últimos años de Colón fueron todavía más difíciles.

Colón murió creyendo que había alcanzado las costas de Asia, sin saber que había abierto las puertas a un continente desconocido para los europeos. Su error no resta importancia a su hazaña: al contrario, su viaje cambió la concepción del mundo y abrió nuevas posibilidades para la humanidad. El encuentro entre Europa y América transformó la historia del planeta, provocando tanto avances como conflictos, pero el impacto de ese descubrimiento sigue siendo incalculable.

Su muerte en 1506, ignorada por muchos, fue el cierre de una vida vivida con intensidad y propósito. Colón murió sin saber la magnitud de su descubrimiento, pero su legado sigue vivo en cada mapa, en cada libro de historia y en cada rincón del mundo que cambió con sus viajes. La globalización, el mestizaje cultural y el intercambio de ideas y productos que caracterizan la era moderna tienen su origen en aquel viaje de 1492, cuando Colón se lanzó al mar en busca de lo desconocido. Como escribió el historiador John Noble Wilford: "Colón no solo descubrió un continente, descubrió un mundo que nunca volvería a ser el mismo".

29. LEONARDO DA VINCI

El genio del Renacimiento

Amboise, Francia, 2 de mayo de 1519. Leonardo da Vinci, el genio multifacético del Renacimiento, murió a los 67 años, dejando un legado que trascendería los siglos. Su muerte, ocurrida en la serenidad del Château du Clos Lucé, bajo la protección del rey Francisco I de Francia, fue un final tranquilo, alejado de la magnitud de sus logros. Aunque sus últimos días transcurrieron en relativa calma, su vida y obra continúan siendo un ejemplo eterno de creatividad, innovación y un insaciable deseo de explorar los límites del conocimiento humano.

Nacido el 15 de abril de 1452 en la pequeña localidad de Vinci, Italia, Leonardo mostró desde temprana edad una curiosidad voraz y una habilidad innata en diversas disciplinas. Hijo ilegítimo de un notario y una campesina, su origen humilde no impidió que se convirtiera en una de las figuras más influyentes de la historia. Fue aprendiz en el prestigioso taller de Andrea del Verrocchio, en Florencia, donde rápidamente destacó por su destreza artística y su capacidad de observación minuciosa. En poco tiempo, superó a su maestro, aportando un nuevo enfoque al arte renacentista, basado sobre la precisión científica y la representación naturalista.

Si bien su obra más famosa, *La Mona Lisa,* es considerada uno de los cuadros más emblemáticos y misteriosos de la historia del arte, el genio de Leonardo abarcó mucho más que la pintura. Su *Última Cena,* una representación magistral de la escena bíblica, es otro de los pilares de su legado artístico. Sin embargo, lo que distingue a Leonardo de otros grandes artistas de su tiempo es su enfoque multidisciplinario. No veía fronteras entre el arte y la ciencia; para él, ambas eran expresiones complementarias de un mismo impulso creativo. Dedicó gran parte de su vida al estudio de la anatomía humana, diseccionando cadáveres para comprender la estructura del cuerpo con un detalle sin precedentes. Sus dibujos anatómicos, como el célebre *Hombre de Vitruvio*, combinan arte, ciencia y matemática, representando la proporción ideal del cuerpo humano según las leyes de la geometría. Estos estudios no solo influyeron en el arte, sino que también aportaron conocimientos pioneros en medicina y biología.

Además de la anatomía, Leonardo estaba fascinado por la naturaleza y sus mecanismos. Observó el vuelo de las aves y diseñó máquinas voladoras siglos antes de que los humanos lograran conquistar el cielo. Entre sus innumerables inventos destacan prototipos de helicópteros, puentes móviles, submarinos y vehículos blindados. Sus estudios sobre hidráulica y óptica también fueron revolucionarios, adelantándose a muchos descubrimientos científicos modernos. A pesar de su genialidad, Leonardo era conocido por su naturaleza perfeccionista y, a menudo, dejó muchos de sus proyectos inacabados. Esta tendencia a perseguir la perfección le impidió completar algunas de sus obras más ambiciosas, pero también refleja su búsqueda constante de conocimiento y superación personal. Durante su vida, Leonardo fue reconocido como un hombre excepcional, aunque muchas de sus ideas más revolucionarias no fueron comprendidas ni valoradas hasta siglos después. Su capacidad para observar y analizar el mundo natural lo convirtió en uno de los primeros grandes genios de la ciencia moderna. Sin embargo, su legado trasciende la ciencia y el arte. Leonardo personificó el ideal del "hombre del Renacimiento": curioso, creativo y polifacético, siempre en busca de nuevos horizontes.

Leonardo da Vinci murió en 1519 en Amboise, rodeado de admiración y respeto. El rey Francisco I, quien había desarrollado una estrecha amistad con el artista, estuvo presente en sus últimos días y lloró su muerte. Según la leyenda, el monarca sostuvo a Leonardo en sus brazos mientras este exhalaba su último suspiro, una escena que simboliza la reverencia que el mundo sentía por este hombre extraordinario.

Leonardo entendía que el conocimiento y la creatividad eran los motores del progreso humano. Su frase célebre: "La simplicidad es la máxima sofisticación", resume su filosofía de vida: buscar la esencia de las cosas y fusionar arte y ciencia en una búsqueda continua de la verdad. Hoy, Leonardo da Vinci es considerado el arquetipo del genio universal, un hombre cuya curiosidad insaciable y talento multidisciplinario lo convirtió en una figura única en la historia.

30. Miguel Ángel

El artista que buscaba la perfección

Nacido en 1475 en Caprese, Italia, Miguel Ángel Buonarroti fue un genio absoluto del Renacimiento, cuya obra marcó un antes y un después en la historia del arte. Escultor, pintor, arquitecto y poeta, su legado incluye creaciones inmortales como el *David*, la *Piedad*, y los frescos de la Capilla Sixtina, entre ellos el sobrecogedor *Juicio Final*. Su capacidad para representar la anatomía humana con un realismo y una espiritualidad incomparables lo convirtió en una de las figuras más influyentes de todos los tiempos.

Miguel Ángel fue conocido por su obsesión por la perfección, un rasgo que moldeó tanto su vida como su obra. Desde muy joven, demostró un talento excepcional, atrayendo la atención de mecenas como Lorenzo de Médici. A lo largo de su vida, trabajó para papas, príncipes y cardenales, aunque su carácter temperamental lo llevó a tener frecuentes conflictos con sus patronos. Rechazando los placeres materiales, vivió de manera austera y se dedicó por completo a su arte. En sus últimos años, se enfocó en la arquitectura, dejando como legado la majestuosa cúpula de la Basílica de San Pedro, un símbolo del Renacimiento y del cristianismo. A pesar de su avanzada edad y salud deteriorada, continuó trabajando incansablemente, explorando temas espirituales y existenciales en sus últimas obras.

Entre las últimas creaciones de Miguel Ángel se encuentra la *Piedad Rondanini*, una escultura que quedó inconclusa pero que refleja una profunda meditación sobre la fragilidad humana y la trascendencia espiritual. A diferencia de la perfección idealizada de sus primeras obras, esta Piedad presenta figuras alargadas y desmaterializadas, como si el maestro estuviera reflexionando sobre la disolución del cuerpo y la inmortalidad del alma. La figura de Cristo, sostenida por una Virgen María que parece fusionarse con su hijo en un abrazo casi etéreo, simboliza la lucha entre lo terrenal y lo divino. Es una obra que, en su inacabamiento, transmite una emoción profunda y una conexión con el misterio de la vida y la muerte.

Miguel Ángel murió el 18 de febrero de 1564 en Roma, a los 88 años, rodeado de amigos y aprendices que lo veneraban. Aunque su cuerpo fue enterrado inicialmente en Roma, su sobrino, deseando honrar la conexión del maestro con su ciudad natal, trasladó sus restos a Florencia, donde descansan en la Basílica de Santa Croce.

En sus últimos días, Miguel Ángel trabajó incansablemente, con las herramientas del arte aún en sus manos. Su muerte no fue el final de su legado, sino el comienzo de una inmortalidad cultural. Para Miguel Ángel, el arte era una forma de acercarse a lo divino, una búsqueda incansable de la belleza eterna. Como expresó en uno de sus poemas: "Si el alma está satisfecha de la belleza eterna, entonces no hay amargura en el dolor".

La vida de Miguel Ángel es un testimonio de la capacidad humana para trascender los límites a través del genio creativo. Su obra no solo redefinió el arte del Renacimiento, sino que también expresó una pasión profunda por la humanidad y lo divino, un equilibrio entre lo terrenal y lo celestial que sigue inspirando a generaciones. Miguel Ángel no solo buscó la perfección en sus obras, sino también en la comprensión de la existencia misma, logrando que su legado sea eterno.

31. Lucrecia Borgia

Entre el veneno y el misterio

Ferrara, Italia, 24 de junio de 1519. Lucrecia Borgia, hija del poderoso y controvertido papa Alejandro VI, murió a los 39 años después de dar a luz a su octavo hijo. Su muerte fue el trágico final de una vida envuelta en rumores de intrigas políticas, venenos y secretos familiares.

Nacida en 1480 en Subiaco, cerca de Roma, Lucrecia creció en el seno de una de las familias más influyentes y temidas de la época. Su padre, Rodrigo Borgia, se convirtió en el papa Alejandro VI, y su hermano César Borgia fue un astuto militar y político que buscaba consolidar el poder de la familia a cualquier costo. Desde temprana edad, Lucrecia fue utilizada como una pieza clave en los juegos políticos de los Borgia, siendo prometida y casada en varias ocasiones para fortalecer alianzas estratégicas.

Su primer matrimonio con Giovanni Sforza fue anulado bajo acusación de impotencia, y poco después, Lucrecia fue comprometida con Alfonso de Aragón, hijo ilegítimo del rey de Nápoles. Este matrimonio, que parecía haber traído algo de felicidad a Lucrecia, terminó en tragedia. Alfonso fue asesinado en 1500, supuestamente por órdenes de su propio cuñado, César Borgia. Devastada por la muerte de su esposo, Lucrecia se convirtió en un símbolo de las intrigas y traiciones que caracterizaron a los Borgia. A lo largo de los siglos, la imagen de Lucrecia ha sido distorsionada por mitos y leyendas que la presentan como una mujer fatal y envenenadora implacable. Se decía que poseía un anillo hueco que contenía veneno, el cual utilizaba para deshacerse de sus enemigos. Sin embargo, muchos historiadores modernos han revisado estas afirmaciones, argumentando que Lucrecia fue víctima de las calumnias dirigidas contra su familia y que, en realidad, utilizaron un papel importante como mecenas de las artes y administradora competente.

Tras la caída del poder de los Borgia, Lucrecia se casó con Alfonso d'Este, duque de Ferrara, y comenzó una nueva etapa de su vida alejada de los escándalos. En Ferrara, se convirtió en una figura respetada, apoyando a artistas y poetas como Ludovico Ariosto y promoviendo la cultura en la corte. Aunque su pasado seguía persiguiéndola, Lucrecia intentó redimirse a través de su papel como duquesa y madre.

Sin embargo, su vida terminó de manera trágica. En 1519, durante el parto de su octavo hijo, Lucrecia sufrió complicaciones graves que la llevaron a la muerte. Su fallecimiento fue llorado en Ferrara, donde había ganado el respeto de muchos, pero su legado permaneció marcado por el misterio y la controversia. Hoy, Lucrecia Borgia sigue siendo una figura fascinante que divide opiniones. Para algunos, fue una mujer víctima de las ambiciones de su familia, mientras que para otros, encarna la astucia y la peligrosidad de los Borgia. Más allá de las leyendas, su vida nos recuerda los peligros de los juegos de poder en una época de turbulencias y traiciones. Como escribió un cronista de la época: "Pocas mujeres han vivido con tanta gloria y han muerto con tanto misterio".

32. Hernán Cortés

El conquistador olvidado

Castilleja de la Cuesta, España, 2 de diciembre de 1547. Hernán Cortés, el hombre que encabezó la conquista del Imperio Azteca y cambió para siempre la historia de América, murió a los 62 años, lejos de la gloria y el reconocimiento que esperaba recibir. Su muerte, tranquila pero amarga, fue el trágico epílogo de una vida marcada por la ambición, la audacia y la traición de aquellos que se beneficiaron de sus logros. Cortés, a pesar de haber sido uno de los conquistadores más influyentes y temidos de su tiempo, falleció como un hombre relegado al olvido, despreciado por la misma Corona que se enriqueció gracias a sus conquistas.

Nacido en 1485 en Medellín, Extremadura, Hernán Cortés provenía de una familia hidalga de modestos recursos, lo que lo impulsó a buscar fortuna y prestigio en las tierras desconocidas del Nuevo Mundo. En 1504, con apenas 19 años, zarpó hacia La Española (hoy República Dominicana) y más tarde participó en la conquista de Cuba, donde comenzó a forjar su reputación como un hombre ambicioso y determinado. Sin embargo, fue en 1519 cuando su destino cambió para siempre: al frente de una pequeña expedición, Cortés desembarcó en las costas de lo que hoy es México, iniciando una de las campañas militares más audaces de la historia.

La conquista del Imperio Azteca, gobernada por Moctezuma II, fue un proceso complejo que mezcló alianzas estratégicas, enfrentamientos militares y una comprensión magistral de la política local. Cortés no solo se enfrentó a los guerreros aztecas, sino que también supo aprovechar las rivalidades entre los pueblos indígenas, forjando alianzas que le permitieron marchar hacia Tenochtitlán, la majestuosa capital azteca. En 1521, tras meses de asedio y lucha, la ciudad cayó, marcando el fin de uno de los imperios más poderosos de América y el inicio de la colonización española en la región.

A pesar de su éxito, Cortés no fue recompensado como esperaba. Aunque se le otorgó el título de "Marqués del Valle de Oaxaca" y vastas tierras, su relación con la Corona española estuvo marcada por la desconfianza y las acusaciones de abuso de poder. La corte veía a Cortés como una figura peligrosa, un hombre capaz de desafiar la autoridad real en sus ansias de poder. En lugar de recibir honores, fue objeto de procesos judiciales que lo despojaron de gran parte de sus riquezas y poder.

En 1540, desilusionado y cansado de las constantes intrigas en el virreinato, Cortés regresó a España para defender su honor. Sin embargo, fue recibido con frialdad por la corte de Carlos I, que prefería distanciarse de un hombre cuya fama y gloria podían opacar al propio monarca. Durante sus últimos años, Cortés vivió entre la humillación y la frustración, sintiendo que sus logros habían sido olvidados y que su nombre se desvanecería en la historia. Murió el 2 de diciembre de 1547 en Castilleja de la Cuesta, acompañado solo por unos pocos amigos leales, lamentando la ingratitud de su patria.

La muerte de Cortés fue el trágico reflejo de una vida dedicada a la expansión del Imperio Español y al cambio del destino de dos continentes. Su legado, sin embargo, sigue siendo objeto de intensos debates. Para algunos, es un héroe y un visionario que llevó la civilización europea al

Nuevo Mundo; para otros, es el símbolo del colonialismo y la destrucción de las culturas indígenas. No obstante, su figura trasciende las simplificaciones. Cortés encarna las contradicciones del mundo moderno: el deseo de conquista, la ambición desmedida y la búsqueda de reconocimiento.

Como dijo en una de sus cartas al emperador Carlos I: "He venido a ganar un reino para Su Majestad y para Dios. Pero no hay reino ni Dios que me proteja de la ingratitud de los hombres". Cortés murió con la certeza de que la historia lo juzgaría, y aunque el juicio ha sido complejo y cambiante, su nombre sigue resonando como uno de los grandes protagonistas de la historia universal. Murió olvidado, pero su legado nunca pudo ser borrado. La inmortalidad que buscaba en la gloria la halló en la misma historia, que, a pesar de las controversias, lo ha convertido en una figura central en el relato de la conquista de América.

33. Enrique VIII

La complejidad de un rey en su lecho de muerte

Palacio de Whitehall, Londres, 28 de enero de 1547. Enrique VIII, uno de los monarcas más influyentes y polémicos de la historia inglesa, agonizaba en su lecho de muerte. A los 55 años, el rey, que alguna vez fue atlético y carismático, había sucumbido al peso de su propio cuerpo. Enfermo, aislado y enfrentando el fin de su vida, su última voluntad fue rezar, buscando el perdón de un Dios que había desafiado tantas veces.

Enrique VIII llegó al trono en 1509 como un joven brillante, lleno de energía y esperanza, amado por su pueblo. Durante los primeros años de su reinado, fue conocido como un príncipe renacentista: patrocinador de las artes, poeta, músico y gran deportista. Sin embargo, su obsesión por obtener un heredero varón y su desafío a la autoridad papal transformaron su reinado en uno de los más tumultuosos de la historia inglesa. El rey es recordado por sus seis matrimonios y por ser el artífice de la Reforma inglesa, que rompió con la Iglesia Católica y desarrolló la Iglesia de Inglaterra, con él como su cabeza suprema. Su decisión de anular su matrimonio con Catalina de Aragón para casarse con Ana Bolena desató un terremoto político y religioso.

Hacia el final de su vida, el cuerpo de Enrique reflejaba el deterioro de su espíritu. Su obesidad extrema –se estima que pesaba más de 180 kilos– y una ulcerada en su pierna lo dejó postrado. El hombre que había deslumbrado en los torneos y cortejos ahora sufría de dolores insoportables y tenía una movilidad casi nula. Sus enfermedades, posiblemente diabetes, gota y problemas cardíacos, lo consumieron lentamente.

En sus últimos días, Enrique fue visitado por Thomas Cranmer, el arzobispo de Canterbury, quien intentó reconfortarlo espiritualmente. Según los relatos, el rey, incapaz de hablar, presionó la mano de Cranmer en señal de aceptación de las palabras del arzobispo. Pidió que se rezara por su alma, consciente de las decisiones controvertidas que habían definido su vida y su legado.

Enrique VIII murió rodeado de una mezcla de opulencia y soledad. Su corte, temerosa de la sucesión, ya conspiraba en torno a su hijo Eduardo VI, el heredero varón que había anhelado durante tanto tiempo. Su muerte marcó el fin de una era y el comienzo de la dinastía Tudor, marcada por el caos religioso y político que él mismo había desencadenado. El legado de Enrique VIII es tan complejo como su personalidad: un hombre capaz de gran visión política y crueldad contra sus adversarios, de amor y traición, de fe y herejía. Su vida y muerte reflejan las tensiones de un monarca atrapado entre el deber, la ambición y los límites de su humanidad. Como diría el historiador JJ Scarisbrick: "Enrique VIII no solo gobernó un reino, sino que transformó la naturaleza misma de lo que significaba ser rey".

34. Carlos V

El Emperador jubilado

Carlos V, el hombre que gobernó un imperio donde "nunca se ponía el sol", culminó su extraordinaria vida con un acto que sorprendió tanto a sus súbditos como a sus enemigos: abdicar voluntariamente y retirarse a un monasterio. En un mundo donde la ambición y el dominio absoluto eran la norma entre los monarcas, su renuncia al poder fue un gesto de humildad y reflexión que marcó un precedente histórico.

Nacido el 24 de febrero de 1500 en Gante, Carlos de Habsburgo heredó un vasto imperio que abarcaba territorios en Europa, América y Asia. Desde joven, enfrentó desafíos políticos y militares que pusieron a prueba su habilidad estratégica y su temple como líder. A lo largo de su reinado, libró guerras decisivas contra Francisco I de Francia, Solimán el Magnífico del Imperio Otomano y los príncipes protestantes de Alemania, consolidando su dominio en Europa. Entre sus éxitos militares más notables destaca la Batalla de Pavía (1525), donde capturó a Francisco I, reafirmando la supremacía española sobre Francia. También lideró la conquista de Túnez (1535), neutralizando la amenaza de los piratas berberiscos y asegurando el control del Mediterráneo. Su victoria sobre la Liga de Esmalcalda en la Batalla de Mühlberg (1547) lo consolidó como defensor del catolicismo frente a la Reforma Protestante.

Pero Carlos V no solo fue un guerrero; también fue un político visionario. Impulsó la expansión del comercio y la colonización en América, sentando las bases para un sistema global que conectaba continentes. Su pragmatismo en las negociaciones, como las que llevaron a la Paz de Augsburgo (1555), demostró su capacidad para buscar soluciones diplomáticas en un mundo dividido por tensiones religiosas.

A pesar de sus logros, Carlos V fue un hombre profundamente consciente del costo del poder. Las constantes guerras, las tensiones religiosas y las intrigas políticas minaron su salud y lo llevaron a reflexionar sobre la fragilidad de la vida. En 1556, tomó la decisión sin precedentes de abdicar. Dividió su imperio: su hijo Felipe II heredó España, los Países Bajos y las colonias americanas, mientras que su hermano Fernando asumió el Sacro Imperio Romano Germánico. Al renunciar al trono, Carlos V se retiró al Monasterio de Yuste, en Extremadura. Allí, lejos del esplendor de la corte, adoptó una vida sencilla, rodeado de libros, rezos y naturaleza. Sin embargo, incluso en su retiro, continuó supervisando los asuntos de Estado, asesorando a Felipe II y manteniéndose informado sobre el devenir del mundo que había gobernado.

Consciente de la inevitabilidad de la muerte, Carlos V dedicó sus últimos años a planificar minuciosamente su funeral. Participó activamente en los preparativos, seleccionando el lugar, el rito y hasta los detalles simbólicos que marcarían su marcha al otro mundo. Según las crónicas, llegó a organizar una especie de ensayo, asistiendo a su propio servicio fúnebre para asegurarse de que reflejara su humildad y devoción religiosa. Esta singular preparación no solo revela su carácter meticuloso, sino también su serenidad ante la muerte. Carlos entendía que, aunque en vida había sido el hombre más poderoso del mundo, ante la eternidad todos los hombres son iguales.

El 21 de septiembre de 1558, Carlos V falleció en el lecho de un monje, sosteniendo una cruz en sus manos. Sus últimos momentos fueron tranquilos, rodeado de oración y paz, un contraste marcado con los tumultuosos años de su reinado. Carlos V dejó un legado imborrable en la historia. Su visión de un imperio global, sus esfuerzos por mantener la unidad religiosa en Europa y su capacidad para combinar el poder militar con la diplomacia lo convierten en una de las figuras más influyentes de la historia mundial. Pero quizá su mayor lección reside en su retiro: el reconocimiento de que el poder terrenal es efímero y que la verdadera grandeza radica en la capacidad de trascenderlo. El ejemplo de Carlos V, quien pasó de ser el gobernante más poderoso del mundo a un humilde monje en Yuste, sigue siendo una reflexión sobre los límites de la ambición y el valor de aceptar la humanidad propia.

35. Isabel I de Inglaterra

La reina virgen y sus temores

Palacio de Richmond, Londres, 24 de marzo de 1603. Isabel I, la "Reina Virgen" que gobernó Inglaterra durante 45 años, llegó al final de una vida marcada por la intriga política, la diplomacia estratégica y una devoción inquebrantable al poder. A los 69 años, enfrentó su muerte con una mezcla de resignación y melancolía, atormentada por temores sobre lo que podría aguardarle más allá de este mundo.

Isabel ascendió al trono en 1558, tras el tumultuoso reinado de su hermana, María I, que había sumido al país en una crisis política y religiosa. Como hija de Enrique VIII y Ana Bolena, su legitimidad había sido cuestionada desde su infancia, enfrentándose al estigma de ser declarada ilegítima y al riesgo constante de conspiraciones en su contra. Sin embargo, Isabel demostró ser una líder excepcionalmente astuta, consolidando su poder y estabilizando a un país al borde del colapso.

Su reinado, conocido como la Era Isabelina, se convirtió en un período de esplendor cultural, con figuras como William Shakespeare y Christopher Marlowe. Bajo su gobierno, Inglaterra experimentó un auge en la exploración marítima, liderada por corsarios como Francis Drake y Walter Raleigh, y marcó el inicio de la expansión colonial. En 1588, Isabel consolidó su lugar en la historia al derrotar a la Armada Invencible, una de las mayores amenazas militares de su tiempo.

La decisión de Isabel de no casarse marcó profundamente su vida y su legado. Apodada la "Reina Virgen", utilizó su soltería como una herramienta política, manteniendo a los poderes europeos en constante expectativa sobre posibles alianzas matrimoniales. Aunque esta estrategia fortaleció su posición en el trono, también la dejó sin un heredero, una carga que pesó sobre ella en sus últimos días. Para Isabel, el matrimonio no era solo una cuestión personal, sino un riesgo político. Consciente de cómo su madre y otras mujeres cercanas habían sido víctimas del poder masculino, Isabel optó por gobernar sola, y afirmó: "Estoy casada con Inglaterra".

En las semanas previas a su muerte, Isabel se retiró cada vez más, sumida en un estado de profunda melancolía. Se rehusaba a comer y permanecía de pie durante largas horas, como si el acto de acostarse simbolizara una rendición al destino inevitable. La pérdida de sus aliados más cercanos, junto con el peso de décadas de decisiones difíciles, la debilitó física y espiritualmente. Su resistencia a nombrar un sucesor hasta el último momento reflejaba su renuencia a aceptar el fin de su reinado y de su vida. Finalmente, aprobó la ascensión de Jacobo VI de Escocia, hijo de su prima y rival, María Estuardo, consolidando así la unión dinástica entre Inglaterra y Escocia.

Isabel murió en el silencio de la madrugada, rodeada de unos pocos cortesanos. Según los relatos, rechazó la asistencia de un sacerdote, prefiriendo enfrentar su muerte a solas. Algunos interpretaron este gesto como un signo de su independencia, mientras que otros lo vieron como un reflejo de dudas espirituales, fruto de una vida marcada por sacrificios personales y decisiones difíciles. Sus palabras más recordadas, pronunciadas en un discurso a sus tropas antes de la invasión española, encapsulan su carácter indomable: "Aunque tenga el cuerpo de una débil y frágil mujer, tengo el corazón y el espíritu de un rey, y de un rey de Inglaterra".

36. María Estuardo

Entre conspiraciones

Castillo de Fotheringhay, Inglaterra, 8 de febrero de 1587. En una cámara fría y austera, María Estuardo, reina de Escocia, se preparó para enfrentar su destino. Acusada de conspirar contra Isabel I de Inglaterra, María subió al cadalso con una dignidad que impresionó incluso a sus enemigos. Su muerte, aunque planificada como un acto de justicia política, se convirtió en un martirio que consolidó su lugar en la historia.

María había nacido en 1542 como la hija del rey Jacobo V de Escocia. Huérfana a los seis días de nacer, fue coronada reina de Escocia y enviada a Francia, donde creció en la corte y se casó con Francisco II, convirtiéndose brevemente en reina consorte de Francia. Tras la muerte prematura de Francisco en 1560, María regresó a Escocia para gobernar, pero su vida política y personal pronto se complicó. Ella era católica en un país que abrazaba el protestantismo, y sus decisiones matrimoniales avivaron el descontento. Su segundo matrimonio, con Enrique Darnley, fue desastroso y culminó en el asesinato de este, un crimen del que muchos sospecharon la complicidad de María. Su posterior matrimonio con James Hepburn, conde de Bothwell, fue visto como una confirmación de estas sospechas, lo que la llevó a ser depuesta y encarcelada por los nobles escoceses. En 1568, huyó a Inglaterra, buscando refugio en su prima, Isabel I, pero en lugar de encontrar apoyo, fue encarcelada y durante casi 19 años, María estuvo confinada en diversos castillos, mientras Isabel lidiaba con la amenaza que representaba su presencia. María era vista por muchos católicos como la legítima heredera al trono inglés, lo que la colocaba en el centro de múltiples conspiraciones contra Isabel. En 1586, fue implicada en el complot de Babington, un plan para asesinar a Isabel I y colocar a María en el trono. Aunque su participación fue discutida, Isabel no podía correr el riesgo y finalmente firmó su sentencia de muerte.

El día de su ejecución, María vistió un traje de terciopelo rojo, el color del martirio, y subió al cadalso con calma. Rezó en voz alta, afirmando su fe católica, y perdonó a sus verdugos. Según los relatos, se inclinó sobre el bloque de ejecución y sus últimas palabras fueron: "En tus manos, Señor, encomiendo mi espíritu". La ejecución fue un desastre logístico. Se necesitaron tres golpes del hacha para decapitarla, un detalle macabro que conmocionó a los presentes y alimentó su figura de mártir. Su cabeza fue alzada ante la multitud, pero cuando el verdugo intentó sujetarla por el cabello, descubrió que llevaba una peluca, y su cabello real, canoso y corto, quedó expuesto.

La muerte de María tuvo repercusiones inmediatas. Aunque eliminó una amenaza para Isabel, también provocó la ira de los monarcas católicos europeos, especialmente Felipe II de España, quien utilizó la ejecución como justificación para la Armada Invencible. María se convirtió en un símbolo de resistencia católica, y su trágica vida inspiró obras de arte, literatura y teatro, desde Schiller hasta Donizetti. Su legado como reina atrapada entre la fe, la política y la traición sigue fascinando, una figura que simboliza la lucha por el poder en un mundo de hombres.

37. Galileo Galilei

El caso del hombre que miró las estrellas

Florencia, Italia, 8 de enero de 1642. Galileo Galilei, el hombre que desafió los dogmas de su época para defender la verdad científica, murió a los 77 años, tras una vida dedicada al conocimiento y marcada por la persecución de la Iglesia Católica. Su muerte fue el último acto de una existencia valiente y ejemplar, que siglos después sería reivindicada por la historia. Galileo no solo observó las estrellas, sino que iluminó el camino hacia una nueva era de pensamiento científico. Murió convencido de que el tiempo le daría la razón, y así fue.

Nacido en 1564 en Pisa, Galileo mostró desde joven un profundo interés por las matemáticas y la física. Su curiosidad lo llevó a cuestionar las creencias establecidas, buscando siempre explicaciones basadas en la observación y la experimentación. En 1609, tras perfeccionar un telescopio, realizó descubrimientos que cambiaron la comprensión del cosmos. Observó las lunas de Júpiter, las fases de Venus, las montañas de la Luna y las manchas solares, hallazgos que desafiaban el modelo geocéntrico defendido por la Iglesia, según el cual la Tierra era el centro del universo.

Estos descubrimientos llevaron a Galileo a apoyar abiertamente la teoría heliocéntrica de Copérnico, que afirmaba que la Tierra giraba alrededor del Sol. En una época en la que las creencias religiosas dictaban la verdad científica, esta afirmación fue vista como una amenaza para la autoridad de la Iglesia. Galileo, sin embargo, no se amedrentó. En 1632, publicó su obra *Diálogos sobre los dos sistemas máxi-*

mos del mundo, donde argumentaba a favor del heliocentrismo de manera brillante y accesible. El libro fue un éxito inmediato, pero también despertó la ira de los sectores más conservadores de la Iglesia.

En 1633, Galileo fue llamado a comparecer ante la Inquisición en Roma. Acusado de herejía, fue obligado a retractarse públicamente de sus ideas bajo amenaza de tortura. Sin embargo, según la leyenda, después de pronunciar su abjuración, murmuró las palabras que lo inmortalizarían: "Eppur si muove" ["Y sin embargo, se mueve"], refiriéndose a la Tierra. Gracias a la intervención de Papa Urbano VIII, que era su amigo y admiraba su obra, su condena fue suavizada y tras el juicio Galileo pasó el resto de su vida bajo arresto domiciliario pero pudo seguir leyendo e investigando. Incluso cuando su salud se deterioró y perdió la vista, nunca abandonó su amor por el conocimiento. En sus últimos años trabajó en su obra *Discursos y demostraciones matemáticas,* que sentó las bases de la física moderna.

La muerte de Galileo ocurrió en un contexto de represión intelectual, pero su legado perduró. La Iglesia tardaría más de tres siglos en reconocer su error. En 1992, el Papa Juan Pablo II, tras una larga investigación, rehabilitó oficialmente a Galileo, admitiendo que la condena de la Inquisición fue un error histórico.

La vida de Galileo fue una lucha constante por la verdad y la razón en un mundo dominado por la fe y el dogma. Su ejemplo muestra que el conocimiento no puede ser silenciado y que la verdad, aunque reprimida, siempre encuentra su camino. Galileo murió sabiendo que su visión del universo sería confirmada algún día, y así fue. Su legado como el "padre de la ciencia moderna" perdura, y su vida sigue siendo un testimonio del coraje necesario para desafiar las creencias establecidas. Como dijo Galileo en una de sus cartas: "La duda es el padre del descubrimiento".

38. JOHANNES KEPLER

La geometría de su despedida

Ratisbona, Alemania, 15 de noviembre de 1630. Johannes Kepler, el astrónomo que revolucionó nuestra comprensión del universo con sus leyes del movimiento planetario, murió a los 58 años, víctima de una fiebre. Su muerte, aunque en un contexto más natural que trágico, cerró la vida de un hombre cuya visión del cosmos y las matemáticas cambiaron para siempre la ciencia moderna.

Nacido en 1571 en Weil der Stadt, Alemania, Kepler creció en un entorno de gran agitación religiosa y política. De familia protestante, sufrió dificultades personales desde joven, incluida la muerte de su madre y su frágil salud. Su pasión por las matemáticas y la astronomía lo llevó a estudiar en la Universidad de Tübingen, donde entró en contacto con las ideas revolucionarias de Copérnico, que postulaba un sistema heliocéntrico, con el Sol en el centro del universo en lugar de la Tierra.

Kepler fue un discípulo de Tycho Brahe, uno de los astrónomos más importantes de la época, y al morir Brahe en 1601, Kepler asumió la tarea de analizar los datos astronómicos más precisos que existían en ese momento. Su trabajo con estos datos llevó al descubrimiento de las tres leyes del movimiento planetario, que demostraron que los planetas siguen órbitas elípticas alrededor del Sol, no circulares como se pensaba anteriormente. Estas leyes no solo confirmaron el modelo heliocéntrico de Copérnico, sino que también fundaron la base de la física moderna, que sería más tarde perfeccionada por Isaac Newton.

Kepler también trabajó en otros campos, como la óptica, donde demostró cómo las lentes pueden corregir la visión y estudiar la naturaleza de la luz y los colores. Sin embargo, su vida no fue fácil. Además de sus luchas personales, como la pobreza y las persecuciones religiosas que sufrió debido a su fe protestante, Kepler enfrentó una vida marcada por tragedias familiares y la falta de reconocimiento de su trabajo en vida. A pesar de sus logros, nunca vivió con la comodidad que su genio habría merecido.

En los últimos años de su vida, Kepler se trasladó a Ratisbona, donde murió en 1630, después de sufrir una fiebre prolongada. Su muerte fue relativamente tranquila, pero marcada por la frustración de no haber visto el impacto total de sus descubrimientos. Sus leyes fueron, sin embargo, fundamentales para la futura formulación de la ley de la gravitación universal de Newton. Hoy, Johannes Kepler es reconocido como uno de los más grandes astrónomos de todos los tiempos. Sus contribuciones a la ciencia no solo abrieron la puerta a una nueva comprensión del universo, sino que también ayudaron a sentar las bases de la física y la astronomía modernas. En palabras de Kepler: "La ciencia es el reino del conocimiento, y la matemática es la clave que abre las puertas del cosmos".

39. RICHELIEU

La muerte del cardenal más poderoso

París, 4 de diciembre de 1642. En una habitación del Palacio Real, Armand-Jean du Plessis, conocido como el cardenal Richelieu, resucitó por última vez. A los 57 años, el hombre que había sido el primer ministro de Luis XIII y uno de los arquitectos más influyentes de la Francia moderna, dejó un legado de poder, intriga y consolidación del estado. Su muerte marcó el fin de una era en la que la política y la religión se entrelazaron de manera inseparable.

Richelieu nació en 1585 en una familia noble de Poitou. A una edad temprana abrazó la vida eclesiástica, destacándose por su inteligencia y habilidades políticas. Fue nombrado obispo a los 21 años y pronto se ganó el favor de la reina regente, María de Médici, convirtiéndose en el consejero principal de su hijo, el joven rey Luis XIII. En 1624, Richelieu fue nombrado primer ministro, cargo desde el cual ejerció un control prácticamente absoluto sobre los asuntos de Francia durante casi dos décadas. Era más poderoso que el rey sin ostentar este título.

Como político, Richelieu buscó fortalecer la monarquía absoluta frente a las amenazas internas y externas. Reprimió las revueltas de los nobles y limitó el poder de los hugonotes, garantizando el control del rey sobre todas las facciones del reino. En el ámbito internacional, trabajó incansablemente para debilitar a los Habsburgo y consolidar la posición de Francia como la principal potencia de Europa. Su estrategia política, combinada con su habilidad para manejar intrigas, le ganó tanto admiradores como enemigos. Richelieu también dejó una marca en la cultura y la intelectualidad francesa. Fue el fundador de la Academia Francesa, una institución dedicada a preservar y perfeccionar la lengua francesa. Sin embargo, sus métodos despiadados y su falta de escrúpulos le valieron el odio de muchos, quienes lo veían como un manipulador y un hombre sin piedad.

En sus últimos años, la salud de Richelieu comenzó a deteriorarse debido a la tuberculosis y otras dolencias. A pesar de su enfermedad, continuó dirigiendo los asuntos del reino con una energía implacable. Cuando la muerte se acercaba, pidió al rey que confiara en su sucesor designado, el cardenal Mazarino, asegurando así la continuidad de sus políticas. En su lecho de muerte, Richelieu expresó su fe y su devoción al servicio del rey y de Francia. Según los relatos, sus últimas palabras fueron: "Dios me perdonará: fue por su causa que actué."

Tras su muerte, Richelieu fue enterrado con gran pompa en la Capilla de la Sorbona, una institución que había patrocinado durante su vida. Su legado es complejo: para algunos, fue un visionario que modernizó Francia y la preparó para el reinado de Luis XIV; para otros, un símbolo de la corrupción y la centralización del poder. Alexandre Dumas inmortalizó a Richelieu en su novela *Los tres mosqueteros*, retratándolo como un maestro de las intrigas políticas, una imagen que persiste hasta hoy. Sin embargo, más allá de la ficción, Richelieu fue, en palabras de un contemporáneo: "el hombre que encarnó el estado", un símbolo del poder absoluto en su máxima expresión.

40. Thomas Paine

El padre olvidado de la revolución

Nueva York, 8 de junio de 1809. Thomas Paine, uno de los pensadores más influyentes de la Revolución Americana y un precursor de los derechos humanos y la justicia social, murió a los 72 años en la pobreza y el olvido, despojado del reconocimiento que merecía en la nación que ayudó a fundar. Su muerte, en silencio y sin honores, fue una amarga ironía para un hombre cuyas ideas revolucionarias transformaron no solo Estados Unidos, sino también el pensamiento político mundial.

Nacido el 29 de enero de 1737 en Thetford, Inglaterra, Paine provenía de una familia humilde. Su educación fue limitada, pero su curiosidad intelectual y su pasión por la justicia social lo llevaron a involucrarse en movimientos reformistas. En 1774, emigró a las colonias americanas, donde comenzó a escribir sobre la independencia y los derechos del pueblo. En un momento en que muchos colonos aún dudaban sobre la necesidad de separarse de Gran Bretaña, Paine publicó *Common Sense* en enero de 1776, una obra que se convirtió en el detonante ideológico de la Revolución Americana. Con un lenguaje directo y accesible para un público popular, *Common Sense* argumentaba que la independencia no solo era deseable, sino necesaria para garantizar la libertad y los derechos de los colonos. Paine apelaba al sentido común de las personas comunes, alejándose del discurso elitista que predominaba en la época, y logró que sus ideas calaran profundamente en la sociedad colonial.

Se estima que *Common Sense* vendió más de 100,000 copias en su primer año, una cifra extraordinaria para la época, y se convirtió en uno de los textos políticos más influyentes de la historia.

Paine continuó apoyando la causa revolucionaria con su serie de ensayos titulados *La Crisis*, escritos durante los momentos más difíciles de la guerra. Sus palabras inspiraron a los soldados y al pueblo a perseverar en la lucha por la independencia, comenzando con su famosa frase: "Estos son los tiempos que ponen a prueba las almas de los hombres". Tras la independencia estadounidense, Paine no dejó de luchar por los ideales de justicia y libertad en otras partes del mundo. Viajó a Francia, donde apoyó la Revolución Francesa y escribió *Los derechos del hombre*, una defensa apasionada de la libertad, la democracia y los derechos fundamentales. En esta obra, Paine criticaba las monarquías hereditarias y abogaba por un gobierno basado sobre la igualdad y la justicia. Sin embargo, su apoyo a la Revolución Francesa, junto con sus críticas a las instituciones religiosas en su obra *La edad de la razón*, le valieron el rechazo de muchos de sus antiguos aliados en Estados Unidos y Europa.

El pensamiento de Paine era radical para su tiempo, especialmente su defensa de la separación entre la iglesia y el estado y su crítica a las estructuras de poder opresivas. Mientras algunos de sus contemporáneos lo consideraban un visionario, otros lo veían como un peligroso agitador. Esta polarización lo llevó a caer en desgracia. A su regreso a Estados Unidos en 1802, fue recibido con frialdad por la sociedad que antes lo había admirado. Paine pasó sus últimos años en la pobreza, alejado de los círculos de poder. Murió el 8 de junio de 1809, prácticamente solo y olvidado. Solo seis personas asistieron a su funeral, un final indigno para un hombre que había ayudado a dar forma a los cimientos ideológicos de la democracia moderna. Sin embargo, su legado no desapareció. Las ideas de Paine siguieron influyendo en los movimientos por los derechos civiles, la justicia social y la libertad en todo el mundo.

Hoy, Thomas Paine es reconocido como uno de los padres fundadores más importantes de Estados Unidos, aunque su nombre fue relegado durante mucho tiempo al olvido. Sus obras, especialmente *Common Sense* y *Los derechos del hombre*, siguen siendo leídas e influyendo en las luchas por la democracia y los derechos humanos. Su legado se mantiene vigente en el espíritu de las revoluciones y los movimientos sociales que buscan un mundo más libre y equitativo. Escribió: "La revolución es la voz del pueblo que reclama su derecho a ser libre". Su vida fue una revolución constante, una lucha incansable por los derechos del hombre, y su muerte, aunque silenciosa, se convirtió en un símbolo de la entrega total a los ideales de libertad y justicia.

41. Jean-Paul Marat

El revolucionario en la bañera

París, 13 de julio de 1793. Jean-Paul Marat, uno de los líderes más radicales de la Revolución Francesa, fue asesinado mientras tomaba un baño, un final que se convirtió en uno de los episodios más simbólicos y trágicos de la revolución. Marat, conocido por sus discursos encendidos y sus llamados a la acción violenta contra los enemigos de la República, encontró la muerte a manos de Charlotte Corday, una joven girondina que lo culpaba de la violencia desatada en Francia.

Marat nació en 1743 en Suiza y se trasladó a París, donde estudió medicina y filosofía. Sin embargo, su carrera dio un giro cuando se convirtió en un apasionado defensor de los ideales revolucionarios. Fundó el periódico *L'Ami du Peuple*, donde denunciaba a los aristócratas y moderados que, según él, traicionaban los ideales de la revolución. Su retórica radical y sus listas de enemigos del pueblo lo convirtieron en una figura temida y odiada por muchos, pero también en un ícono para los sectores más radicales.

Sufriendo una dolorosa enfermedad cutánea, Marat pasaba gran parte de sus días en una bañera, desde donde seguía redactando sus incendiarios artículos. Fue allí donde Corday, una joven de la provincia de Normandía, logró acercarse a él bajo el pretexto de tener una información importante. Una vez dentro de la habitación, sacó un cuchillo y apuñaló a Marat en el pecho, acabando con su vida en cuestión de segundos.

La muerte de Marat se convirtió en un acto de propaganda revolucionaria. Su cuerpo fue velado con honores y su asesinato fue inmortalizado en la pintura *La muerte de Marat,* de Jacques-Louis David, que lo representa como un mártir de la Revolución Francesa. Sin embargo, su legado es ambiguo: para algunos, fue un héroe que luchó por la igualdad y la justicia; para otros, un fanático cuyas ideas llevaron al terror y al derramamiento de sangre.

Charlotte Corday fue ejecutada en la guillotina días después, pero antes de morir declaró: "He matado a un hombre para salvar a cien mil". Su acto, aunque condenable, fue visto por algunos como un intento de poner fin a la espiral de violencia que había desatado Marat.

Jean-Paul Marat murió como vivió: envuelto en el fuego de la revolución. Su trágico final, en una simple bañera, refleja la fragilidad de los ideales cuando se enfrentan a la realidad de la violencia política. Aunque la Revolución Francesa continuó su curso, la muerte de Marat marcó un punto de inflexión en los eventos que llevarían al Reino del Terror. Como un personaje atrapado entre el heroísmo y la infamia, su figura sigue siendo un símbolo de los excesos y contradicciones de una época que cambió la historia de Europa para siempre.

42. Toussaint Louverture

El libertador de Haití

Fort-de-Joux, Francia, 7 de abril de 1803. Toussaint Louverture, líder de la Revolución Haitiana y artífice de la independencia de Haití, murió a los 55 años prisionero de las fuerzas napoleónicas. Su muerte, ocurrida en las frías y oscuras celdas de la fortaleza de Fort-de-Joux, fue el desenlace de una vida dedicada a la lucha por la libertad. Aunque su cuerpo quedó enterrado en una tumba sin nombre, su legado como libertador y símbolo de la resistencia perdura en la memoria colectiva.

Nacido en 1743 en una plantación en el norte de Haití, Toussaint Louverture fue hijo de esclavos africanos. Desde joven, su inteligencia y carácter lo distinguieron entre sus pares. Aprendió a leer y escribir, algo inusual para un esclavo en esa época, y se interesó por los textos filosóficos de la Ilustración, como las obras de Montesquieu y Rousseau. Estas ideas de libertad, igualdad y derechos universales influyeron profundamente en su pensamiento y marcaron su vida. La Revolución Francesa de 1789, que proclamaba los ideales de "libertad, igualdad y fraternidad", resonó con fuerza en las colonias, especialmente en Saint-Domingue (actual Haití), donde los esclavos constituían la mayoría de la población. En 1791, estalló una rebelión de esclavos que cambiaría el curso de la historia. Louverture emergió como líder indiscutible de la revolución, mostrando un talento excepcional como estratega militar y político. Bajo su mando, los esclavos lograron derrotar a las fuerzas coloniales francesas, españolas y británicas, convirtiendo a Saint-Domingue en un territorio libre y abolicionista.

Sin embargo, la ambición imperial de Napoleón Bonaparte puso en peligro los avances logrados. En 1802, Napoleón envió un ejército para retomar el control de la isla y restaurar la esclavitud. Louverture, fiel a sus principios, resistió con todas sus fuerzas. Aunque inicialmente intentó negociar, fue traicionado por las fuerzas francesas. En mayo de 1802, fue capturado y deportado a Francia, donde fue encarcelado en la fortaleza de Fort-de-Joux, en los Alpes. En prisión, Louverture enfrentó condiciones extremas: frío, hambre y aislamiento. Pero su espíritu no fue quebrado. Antes de ser arrestado, había pronunciado una advertencia que se convertiría en una profecía: "Al derribarme a mí, solo han derribado el tronco del árbol de la libertad. Sus raíces son profundas, y volverá a crecer".

El 7 de abril de 1803, Toussaint Louverture murió en su celda, solo y lejos de su tierra. Pero su muerte no significó el fin de la lucha. La revolución que él había liderado continuó bajo el mando de sus seguidores, y en enero de 1804, Haití se convirtió en la primera república independiente de América Latina y el Caribe, y el primer país del mundo en abolir la esclavitud de manera definitiva. La muerte de Louverture fue un sacrificio que consolidó su legado como símbolo universal de resistencia y libertad. Su muerte fue un acto de entrega total a la causa de la libertad, demostrando que las ideas por las que luchamos pueden perdurar mucho más allá de nuestras vidas.

Hoy, Toussaint Louverture es recordado como un héroe nacional en Haití y un ícono de la lucha contra la esclavitud en todo el mundo. Su vida y su muerte enseñan que "la verdadera libertad requiere sacrificio" y que "la dignidad no se negocia, se defiende hasta el final".

43. Luis XVI

El fin de una era en la guillotina

París, 21 de enero de 1793. Luis XVI, el último rey absoluto de Francia, subió al cadalso erigido en la Plaza de la Revolución para morir en la guillotina. Vestido con un sencillo abrigo marrón y acompañado por un sacerdote, el monarca que alguna vez gobernó uno de los reinos más poderosos del mundo enfrentó su ejecución con una calma que sorprenderá a muchos. Su muerte no solo marcó el fin de su vida, sino también el colapso del Antiguo Régimen.

Luis XVI ascendió al trono en 1774, con solo 20 años. Aunque poseía buenas intenciones y un carácter bondadoso, su falta de firmeza y habilidad política lo convirtió en un monarca mal preparado para enfrentar los desafíos de su época. Durante su reinado, Francia se vio envuelta en crisis económica, conflictos sociales y una deuda insostenible, agravada por el apoyo financiero a la independencia de los Estados Unidos. Mientras el pueblo sufría hambre y miseria, la monarquía parecía incapaz de ofrecer soluciones.

La Revolución estalló en 1789, cuando la toma de la Bastilla marcó el inicio de una ola de levantamientos populares. Luis intentó maniobrar entre las facciones revolucionarias, pero sus constantes vacilaciones erosionaron su autoridad. La situación se deterioró aún más con el intento de fuga a Varennes en 1791, que confirmó las sospechas de que el rey no aceptaba los cambios revolucionarios y buscaba aliarse con las potencias extranjeras para recuperar su poder.

En 1792, la monarquía fue abolida, y Luis XVI, degradado a "ciudadano Luis Capeto", fue arrestado junto con su familia. Su juicio por traición ante la Convención Nacional comenzó en diciembre de ese mismo año. Aunque algunos diputados abogaron por su exilio, la mayoría votó por la ejecución del monarca, convencidos de que la República no podría consolidarse mientras el rey siguiera con vida.

En la mañana de su ejecución, Luis XVI se despidió de su familia con lágrimas en los ojos. Según los relatos, subió al cadalso con pasos firmes y, antes de que el verdugo activara la guillotina, intentó dirigirse a la multitud. "Muero inocente de todos los crímenes de los que se me acusa", comenzó a decir, pero los tambores de la Guardia Nacional ahogaron sus palabras. En cuestión de segundos, la cuchilla cayó, separando su cabeza de su cuerpo.

La ejecución de Luis XVI conmocionó a Europa, dividiendo aún más a los partidarios y enemigos de la Revolución. Para los revolucionarios, su muerte simbolizó la liberación del pueblo del yugo de la monarquía absoluta. Para los monárquicos y otras naciones, fue un acto de barbarie que anunciaba el caos y la anarquía.

Luis XVI no fue recordado como un gran rey, pero su muerte adquirió un carácter trágico. Más que un tirano, fue un hombre atrapado por las fuerzas de la historia, incapaz de adaptarse al cambio radical que barría Francia. Como lo describió el historiador Jules Michelet: "No murió como un héroe, pero sí como un hombre que enfrentó su destino con dignidad".

44. MARÍA ANTONIETA

Elegancia hasta el cadalso

París, 16 de octubre de 1793. En una fría mañana otoñal, María Antonieta, la última reina de Francia antes de la Revolución, caminó hacia la guillotina con la dignidad que la había caracterizado incluso en los momentos más oscuros. Vestida con un sencillo vestido blanco, el cabello cortado para facilitar la ejecución, la mujer que alguna vez simbolizó el lujo y la opulencia enfrentó su destino con una mezcla de resignación y valentía.

María Antonieta llegó a Francia en 1770, a los 14 años, como parte de un matrimonio político destinado a sellar la alianza entre Austria y Francia. Como archiduquesa austríaca, su unión con el futuro Luis XVI la convirtió en reina consorte en 1774. Su juventud y su vivacidad atrajeron tanto admiración como crítica. Se convirtió rápidamente en el centro de atención de la corte de Versalles, donde el lujo y el derroche marcaban el ritmo de la vida. Durante años, disfrutó de privilegios que pronto despertaría las críticas del pueblo francés, cada vez más empobrecido. Se le atribuyeron extravagancias como la construcción del Petit Trianon y la creación de un idílico pueblo artificial en los jardines de Versalles donde jugaba a ser campesina, un capricho que simbolizó la desconexión entre la monarquía y las dificultades del pueblo. Entre las acusaciones más célebres contra ella destaca la frase "Que coman pasteles", que supuestamente pronunció cuando le informaron que el pueblo protestaba en las calles de París porque no tenía pan.

Cuando estalló la Revolución en 1789, María Antonieta se convirtió en el blanco favorito de los revolucionarios, quienes la veían como una extranjera conspiradora y la encarnación del Antiguo Régimen. Su implicación en la causa contrarrevolucionaria, incluida la fallida fuga a Varennes en 1791, reforzó esta percepción. En 1792, la monarquía fue abolida, y María Antonieta vio cómo su esposo, Luis XVI, era ejecutado en enero de 1793. Posteriormente, ella fue trasladada a la prisión de la Conciergerie, donde pasó sus últimos meses en condiciones miserables, aislada de sus hijos y sometida a una constante humillación.

El juicio contra María Antonieta fue un espectáculo político cargado de acusaciones infundadas, como la de incesto con su hijo, que ella rechazó con dignidad. En respuesta, apeló al sentido de justicia de las madres presentes en la sala, lo que arrancó lágrimas incluso entre algunos de sus detractores. Pero su destino ya estaba sellado: fue declarada culpable y condenada a muerte.

En sus últimas horas, María Antonieta escribió una carta conmovedora a su cuñada expresando su amor por sus hijos y su fe en Dios. Cuando llegó el momento de subir al cadalso, lo hizo con pasos firmes, manteniendo la compostura. Según los testigos, en un acto que revela su carácter incluso en el momento final, pisó accidentalmente el pie de su verdugo y se disculpó: "Perdóneme, señor. No lo hice a propósito". Estas fueron sus últimas palabras antes de que la hoja de la guillotina cayera.

Con el tiempo, la figura de María Antonieta fue reexaminada y transformada en un ícono cultural. Para algunos, fue la personificación de los excesos de la monarquía; para otros, una mujer atrapada en las complejidades de un sistema que la superó. Como señaló Stefan Zweig en su biografía: "María Antonieta no fue ni una santa ni una heroína: fue una mujer cuya vida fue transformada en leyenda por la fatalidad de su destino".

45. MOZART

La misa de réquiem inconclusa

Viena, 5 de diciembre de 1791. En una modesta habitación, Wolfgang Amadeus Mozart, uno de los compositores más prodigiosos de la historia, falleció a los 35 años, dejando tras de sí un legado inmortal. Entre las partituras esparcidas en su lecho se encontró su última obra, el *Réquiem,* un encargo misterioso que nunca logró completar y que se convertiría en símbolo de su vida y muerte prematura.

Mozart nació en Salzburgo en 1756 y desde niño mostró un talento musical excepcional. Guiado por su padre, Leopold, recorrió Europa asombrando a la nobleza con su precoz virtuosismo en el piano y el violín. A pesar de su éxito como niño prodigio, su vida adulta estuvo marcada por dificultades económicas, intrigas cortesanas y un esfuerzo constante por mantener su independencia creativa en un mundo que a menudo no valoraba su genialidad. En 1791, mientras trabajaba en obras como *La flauta mágica,* Mozart recibió el encargo de componer una misa de réquiem. Según la leyenda, un misterioso mensajero, enviado por un conde que deseaba atribuirse la obra, entregó el pedido, alimentando los rumores de que Mozart estaba componiendo su propio réquiem. Aunque la realidad probablemente fue menos dramática, Mozart comenzó a obsesionarse con la idea de que estaba escribiendo música para su sepelio.

Enfermo de fiebre reumática, agotado por el trabajo y las deudas, Mozart cayó gravemente enfermo en noviembre de 1791. En sus últimos días, rodeado de amigos y familiares, trató de dictar las partes restantes del *Réquiem* a su discípulo Franz Xaver Süssmayr. Sin embargo, la obra quedó inconclusa cuando Mozart falleció, dejando preguntas sin respuesta sobre qué tan cerca estuvo de completarla. El funeral de Mozart fue sorprendentemente sencillo para alguien de su estatura artística. Fue enterrado en una fosa común en el Cementerio de San Marx, conforme a las costumbres vienesas de la época. No hubo pompa ni grandes ceremonias, un destino que contrastaba con la grandeza de su música. Décadas después, su figura se convertiría en un ícono de la genialidad trágica, y su *Réquiem* se interpretaría en honor a su memoria.

El misterio que rodea tanto la vida como la muerte de Mozart ha inspirado innumerables teorías y obras de arte, desde la rivalidad con Antonio Salieri hasta las causas exactas de su fallecimiento. Aunque estas especulaciones a menudo eclipsan los hechos, lo cierto es que Mozart dejó un legado insuperable, componiendo más de 600 obras que abarcan todos los géneros de su tiempo.

El *Réquiem*, aunque incompleto, se convirtió en una de sus piezas más emblemáticas, un testimonio de su habilidad para capturar la profundidad del sufrimiento humano y la esperanza trascendental en la música. Como él mismo dijo una vez: “La música no está en las notas, sino en el silencio entre ellas”.

46. Horatio Nelson

"Dios y mi país"

Cádiz, España, 21 de octubre de 1805. Horatio Nelson, el almirante británico que se convirtió en un símbolo de la victoria naval y el heroísmo, murió a los 47 años durante la Batalla de Trafalgar, una de las confrontaciones más decisivas de las guerras napoleónicas. Su muerte, que ocurrió tras recibir un disparo en el pecho, no solo cambió el curso de la batalla, sino que también marcó un hito en la historia naval, ya que Nelson se convirtió en un mártir nacional y en una leyenda.

Nacido en 1758 en Norfolk, Inglaterra, Nelson ingresó a la Armada Real a la temprana edad de 12 años. Su carrera estuvo signada por un ascenso rápido y por su carácter determinado. A lo largo de su vida, Nelson demostró un increíble valor y una audacia que le ganó el respeto de sus oficiales y la admiración de sus hombres. En 1797, después de haber perdido un ojo y un brazo en combates anteriores, Nelson ya era reconocido como uno de los comandantes más exitosos de la Armada británica. Su visión estratégica y su capacidad para inspirar a su tripulación fueron elementos clave de su éxito en la lucha contra las potencias europeas.

A lo largo de las guerras napoleónicas, Nelson lideró varias victorias decisivas, y su nombre se comparó con el dominio del mar. Fue en la Batalla de Trafalgar, frente a la costa de España, donde Nelson alcanzó la gloria eterna. A pesar de estar en inferioridad numérica, Nelson diseñó una estrategia audaz que permitió a la flota británica derrotar a la flota combinada de Francia y España, asegurando la supremacía británica en el mar. Sin embargo, durante la batalla, Nelson fue alcanzado por un disparo enemigo y cayó mortalmente herido. Fue llevado a bordo de su barco insignia, el *Victory*, donde murió horas después, pero con la victoria asegurada. Sus últimas palabras fueron: "Dios y mi país", un reflejo de su inquebrantable lealtad y devoción al servicio de su nación.

La muerte de Nelson fue un golpe devastador para Gran Bretaña, pero su legado perduró como el de un héroe nacional, un símbolo de sacrificio y dedicación al deber. A pesar de su muerte, la victoria en Trafalgar cambió el curso de la guerra, asegurando la victoria final sobre Napoleón y garantizando la supremacía naval británica durante más de un siglo. Hoy, Nelson sigue siendo una figura de referencia en la historia de la guerra naval, y su nombre es sinónimo de valentía, estrategia y patriotismo.

47. NAPOLEÓN BONAPARTE

El emperador exiliado

Isla de Santa Elena, 5 de mayo de 1821. Napoleón Bonaparte, el estratega militar y político que transformó Europa y redefinió el poder imperial, murió a los 51 años en el exilio, aislado del continente que alguna vez gobernó. Su muerte marcó el fin de una era, pero su legado sigue siendo un tema de admiración y controversia.

Nacido el 15 de agosto de 1769 en Ajaccio, Córcega, Napoleón fue el segundo de ocho hijos en una familia de la pequeña nobleza corsa. Su educación militar en Francia lo llevó a destacar como un joven oficial durante la Revolución Francesa. Su aguda inteligencia, carisma y destreza estratégica lo llevaron a ascender rápidamente, convirtiéndose en general a los 24 años.

En 1804, Napoleón se coronó a sí mismo como emperador de los franceses, en un acto cargado de simbolismo y desafío al poder del papado. Durante la siguiente década, su genio militar transformó Europa. Derrotó a coaliciones de potencias enemigas, reconfiguró fronteras y exportó los ideales de la Revolución Francesa, como el Código Civil Napoleónico, que sigue siendo una base legal en muchos países.

Sin embargo, su ambición desmedida y sus campañas militares, muchas veces arriesgadas, marcaron el inicio de su declive. En 1812, la desastrosa invasión de Rusia diezmó su ejército, que no pudo resistir las condiciones extremas y la estrategia de tierra quemada utilizada por los rusos. La derrota en Leipzig en 1813 y, finalmente, en Waterloo en 1815 sellaron su destino. Abdicó y fue exiliado primero a la isla de Elba, desde donde regresó brevemente al poder durante los "Cien Días", solo para ser derrotado de manera definitiva en Waterloo. Tras su segunda abdicación, Napoleón fue enviado a la remota isla de Santa Elena, en el Atlántico Sur, bajo estricta vigilancia británica. Este pequeño y árido rincón del mundo se convirtió en su última prisión.

En Santa Elena, Napoleón vivió en condiciones austeras en Longwood House, una residencia expuesta a un clima inhóspito y al aislamiento total. Durante sus seis años de exilio, pasó gran parte de su tiempo dictando memorias, justificando su vida y su gobierno, y ofreciendo una visión heroica de sí mismo. Sus escritos, posteriormente publicados como *Memorias de Santa Elena*, reforzaron el mito napoleónico, presentándolo como un mártir de la ambición y el progreso. A pesar de su confinamiento, Napoleón conservó su espíritu desafiante y su dignidad. Recibía a visitantes ocasionales y mantenía discusiones sobre estrategia militar, política y filosofía. Sin embargo, su salud comenzó a deteriorarse rápidamente, afectado por problemas gástricos y el duro clima de la isla.

El 5 de mayo de 1821, Napoleón murió rodeado de unos pocos fieles. Sus últimas palabras fueron: "Francia, el ejército, el jefe de ejército, Josefina", un reflejo de sus obsesiones y amores. Se cree que murió de cáncer de estómago, una enfermedad que había afectado a su familia, aunque algunas teorías sugieren que pudo haber sido envenenado con arsénico.

Inicialmente enterrado en Santa Elena, sus restos fueron exhumados en 1840 y trasladados a París, donde descansan en el majestuoso Hôtel des Invalides. Este traslado, conocido como el "Retorno de las Cenizas", simbolizó la reconciliación de Francia con su controvertido líder y consolidó su lugar en la historia como uno de los personajes más influyentes del mundo. Napoleón Bonaparte fue más que un conquistador: fue un reformador que modernizó sistemas legales, administrativos y militares en Europa. Aunque su ambición lo llevó a la ruina, su impacto es innegable. Fue un estratega inigualable y un político astuto que redefinió el liderazgo y el poder en su tiempo.

Su muerte en el exilio, lejos de ser un acto de derrota, fue el final de un hombre que nunca dejó de inspirar tanto admiración como crítica. En palabras del propio Napoleón: "El arte de gobernar consiste en no permitir que los hombres envejezcan en sus puestos".

48. Beethoven

El genio que escuchó su despedida

Viena, 26 de marzo de 1827. En una noche tormentosa, Ludwig van Beethoven, uno de los compositores más influyentes y revolucionarios de la música occidental, falleció a los 56 años. Según los relatos, un trueno resonó justo en el momento de su muerte, un final dramático que parecía digno de la intensidad romántica de su vida y obra.

Nacido en Bonn en 1770, Beethoven mostró un talento musical excepcional desde temprana edad. En Viena, bajo la tutela de Haydn y otros maestros, desarrolló un estilo único que combinaba las formas clásicas con una emotividad profunda y personal. Sin embargo, su vida estuvo marcada por desafíos inmensos, especialmente la pérdida progresiva de su audición, que comenzó en sus 20 años y culminó en una sordera total.

A pesar de esta discapacidad, Beethoven continuó componiendo algunas de las obras más icónicas de la historia de la música, incluyendo la *Novena Sinfonía* y el *Concierto para piano n.º 5* ("Emperador"). Su capacidad para crear música que trasciende las limitaciones físicas y emocionales lo convirtió en un símbolo de perseverancia y genio. En sus últimos años, Beethoven sufrió una serie de problemas de salud, agravados por un estilo de vida solitario y caótico. La causa exacta de su muerte sigue siendo objeto de debate, aunque estudios recientes sugieren una combinación de cirrosis hepática, intoxicación por plomo y complicaciones relacionadas con sus enfermedades crónicas.

Durante sus últimos días, Beethoven estuvo rodeado de amigos y discípulos. Según el testimonio de su amigo Anselm Hüttenbrenner, su último suspiro estuvo acompañado por un gesto simbólico: alzó su puño al aire, como si desafiara incluso a la muerte. Aunque no dejó palabras finales conocidas, su vida entera fue un discurso sobre la lucha, la superación y la capacidad del arte para expresar lo indescriptible.

El funeral de Beethoven, celebrado el 29 de marzo de 1827, fue un evento multitudinario. Más de 20.000 personas asistieron a la procesión, rindiendo homenaje a un hombre que había transformado la música para siempre. Entre los que pronunciaron discursos en su honor estuvo el poeta Franz Grillparzer, quien escribió: "Era un hombre, y lo fue todo".

Beethoven dejó un legado que no solo incluye su vasto repertorio musical, sino también una lección sobre la condición humana. Su música, llena de fuerza, melancolía y esperanza, sigue siendo un puente entre lo terrenal y lo divino, un testimonio de que incluso en la adversidad, el espíritu creativo puede florecer.

Como él mismo escribió en su *Testamento de Heiligenstadt*, una carta que nunca envió pero que refleja su lucha interna: "Oh vosotros, hombres que pensáis o decís que soy hostil, obstinado o misántropo, ¡qué equivocación cometéis! No sabéis la razón secreta que me hace parecer así. Desde la infancia, mi corazón y mi alma se inclinaron hacia los sentimientos de ternura y bondad."

49. Isaac Newton

El padre de la física moderna

Londres, Inglaterra, 31 de marzo de 1727. Sir Isaac Newton, el hombre que descifró los principios fundamentales que rigen el universo, murió a los 84 años, dejando un legado que transformaría para siempre la historia de la ciencia. Su muerte, serena y rodeada de respeto, marcó el final de una vida dedicada a la búsqueda incansable del conocimiento. Aunque sus últimos años los pasó alejado de los debates científicos que había dominado durante décadas, Newton vivió hasta el final con la certeza de que sus descubrimientos habían cambiado el curso de la humanidad.

Nacido en 1642 en Woolsthorpe, Inglaterra, en el mismo año en que falleció Galileo Galilei, Newton parecía destinado desde el principio a continuar el legado de los grandes pensadores que lo precedieron. Su infancia estuvo marcada por la pérdida de su padre antes de nacer y por una salud frágil que parecía condenarlo a una vida breve. Sin embargo, desafió las expectativas y mostró desde muy joven una mente excepcionalmente curiosa y analítica.

Durante su tiempo en la Universidad de Cambridge, Newton vivió un período de aislamiento forzado debido a la peste que asolaba Europa, lo que lo llevó a retirarse a su hogar en Woolsthorpe Manor. Fue durante ese tiempo de soledad y reflexión cuando comenzó a desarrollar sus teorías más revolucionarias, incluyendo la ley de la gravitación universal. Según la leyenda, la inspiración para esta teoría surgió al ver caer una manzana de un árbol, lo que le llevó a preguntarse por qué los objetos caen hacia la Tierra y cómo esa misma fuerza podría explicar el movimiento de los cuerpos celestes.

En 1687, Newton publicó su obra magna, *Philosophiæ Naturalis Principia Mathematica,* una de las obras científicas más influyentes de la historia. En ella, formuló las tres leyes del movimiento y la ley de la gravitación universal, unificando la física terrestre y celeste bajo un solo marco teórico. Con esta obra, Newton demostró que los mismos principios que rigen el movimiento de los planetas también se aplican a los objetos en la Tierra, desafiando las creencias establecidas y sentando las bases de la física clásica. Más allá de la física, Newton hizo avances cruciales en matemáticas, siendo uno de los inventores del cálculo, y en óptica, demostrando que la luz blanca está compuesta por un espectro de colores. Su capacidad para desentrañar los misterios de la naturaleza lo convirtió en una figura venerada en su tiempo y un símbolo de la revolución científica que estaba transformando Europa.

Sin embargo, detrás del genio también había un hombre complejo y reservado, profundamente introspectivo y obsesionado con su trabajo. Newton era conocido por su carácter solitario y su dedicación extrema a la ciencia. A pesar de sus logros, tuvo conflictos con otros científicos, como Gottfried Wilhelm Leibniz, con quien mantuvo una disputa amarga sobre la invención del cálculo. En sus últimos años, Newton se retiró de la vida académica activa y asumió el cargo de director de la Casa de la Moneda Real, donde desempeñó un papel importante en la reforma del sistema monetario británico. Aunque se alejaba del mundo científico, su mente continuaba inquieta y seguía reflexionando sobre los misterios del universo.

Murió en 1727, tras sufrir una serie de problemas de salud. Su muerte fue un momento de gran pesar para la comunidad científica, que perdió a uno de sus más grandes exponentes. Sin embargo, el mundo ya había comenzado a comprender la magnitud de su legado. Newton, el hombre que había mirado más allá de los límites del conocimiento humano, dejó un impacto que perdura hasta hoy. Su vida fue un testimonio del poder de la razón y la curiosidad humana. Desafió las creencias establecidas y defendió el valor del pensamiento crítico y la observación empírica. Murió tranquilo, sabiendo que sus descubrimientos habían cambiado el curso de la humanidad, y que, aunque enfrentó críticas y disputas en su tiempo, la historia lo reivindicaría como uno de los mayores genios de la historia. Como él mismo afirmó con humildad: “Si he visto más lejos, es porque estoy sentado sobre los hombros de gigantes”.

50. CATALINA LA GRANDE

Poder hasta el último aliento

San Petersburgo, 17 de noviembre de 1796. Catalina II de Rusia, conocida como Catalina la Grande, murió tras una vida que encarnó el poder, la ambición y la inteligencia estratégica. A los 67 años dejó un legado que consolidó a Rusia como una de las grandes potencias europeas, pero su final estuvo rodeado de rumores y especulaciones, propios de una figura cuya vida fue tan fascinante como controvertida.

Catalina nació como Sofía Federica Augusta de Anhalt-Zerbst, en una pequeña región de Alemania en 1729. A los 16 años llegó a Rusia como la prometida del gran duque Pedro, heredero al trono. Rápidamente, Catalina adoptó la lengua y la cultura rusas, ganándose el favor de la corte y del pueblo. En 1762, tras un golpe de Estado que derrocó a su esposo, el zar Pedro III, Catalina ascendió al trono como emperatriz, iniciando un reinado que duraría 34 años. Durante su reinado, Catalina transformó Rusia. Inspirada por las ideas de la Ilustración, reformó la administración, modernizó el ejército y promovió las artes y las ciencias. Su correspondencia con figuras como Voltaire y Diderot demuestra su deseo de ser vista como una "monarca ilustrada". Sin embargo, su imperio también estuvo marcado por contradicciones: mientras defendía los ideales de la Ilustración, reprimía rebeliones campesinas y expandía la autocracia.

En sus últimos años, Catalina continuó gobernando con energía, dedicándose a proyectos ambiciosos como la expansión del Imperio Ruso hacia el Mar Negro y la anexión de Crimea. Sin embargo, su salud comenzó a deteriorarse, y aunque muchos esperaban que designara a su nieto Alejandro como sucesor, Catalina planeaba mantener el poder hasta el final. Sin embargo, el 16 de noviembre de 1796, Catalina sufrió un derrame cerebral mientras se encontraba sola en su baño. Fue encontrada inconsciente por sus sirvientes y trasladada a su cama, donde permaneció en estado crítico durante varias horas antes de fallecer al día siguiente.

Catalina fue enterrada con gran pompa en la Catedral de San Pedro y San Pablo, junto a Pedro III, el esposo al que había derrocado. Su epitafio, escrito por ella misma, reflejaba su carácter audaz y determinado: "Aquí yace Catalina II. Durante su reinado, trató de brindar felicidad a su pueblo, defendió la gloria de Rusia y trabajó incansablemente para mantener la paz y la estabilidad".

El legado de Catalina es inmenso. Fue una de las pocas mujeres en la historia que ejerció un poder absoluto y efectivo, dejando una huella duradera en su nación. Como monarca, combinó el pragmatismo político con un espíritu visionario, construyendo un imperio que perduraría mucho después de su muerte. Como dijo Voltaire sobre ella: "Es una estrella que brilla en el horizonte de Rusia". Catalina vivió y murió como lo que fue: una soberana excepcional, con un poder que trascendió su vida.

51. Simón Bolívar

"Aramos en el mar"

Simón Bolívar, conocido como el Libertador, encarnó en su vida y en su muerte el sacrificio, la lucha y el compromiso moral inquebrantable con la libertad. Nacido en Caracas, Venezuela, en 1783, en una familia noble, Bolívar quedó huérfano a los 10 años, una tragedia que marcó su carácter y forjó su independencia desde temprana edad. Educado en España, absorbió las ideas de la Ilustración y desarrolló un profundo desprecio por la tiranía, lo que lo llevó a consagrar su vida a la causa de la emancipación de América Latina del dominio español.

Bolívar no solo liberó a Venezuela, sino también a Colombia, Ecuador, Perú y Bolivia, convirtiéndose en el artífice de una revolución que transformó el continente. Su liderazgo en batallas decisivas como Boyacá, Carabobo y Junín selló la independencia de estas naciones. Sin embargo, más allá de su genio militar, Bolívar destacó por su inquebrantable sentido del deber y su valor moral. En cada paso de su lucha, enfrentó no solo al imperio español, sino también a las divisiones internas y a las críticas de aquellos a quienes había liberado. Su visión iba más allá de la simple independencia: Bolívar soñaba con una América Latina unida, una Gran Colombia que pudiera competir en igualdad con las grandes potencias del mundo. Sin embargo, su idealismo chocó con la realidad de las divisiones políticas, las ambiciones personales de otros líderes y la falta de cohesión entre los nuevos estados. Este sueño de unidad, aunque noble, fue imposible de alcanzar en su tiempo.

A pesar de los enormes sacrificios personales que hizo por su causa, Bolívar encontró en la traición y el desengaño sus mayores enemigos. Los mismos pueblos por los que luchó comenzaron a rechazarlo, y los líderes políticos que emergieron en las nuevas naciones desconfiaron de su poder e intención. Bolívar, quien había dado todo por la libertad de América, se retiró al exilio en Santa Marta, Colombia, en 1830, profundamente desilusionado. En sus últimos días, enfermo y abandonado, expresó su amargura con la frase: “He arado en el mar”, un lamento que resumía la frustración de un hombre que dio su vida por un ideal que no pudo materializarse.

Sin embargo, Bolívar enfrentó su final con gran dignidad. Incluso en su lecho de muerte mostró un profundo estoicismo, aceptando con serenidad el destino que le aguardaba. Murió el 17 de diciembre de 1830, dejando atrás un legado monumental. Aunque su sueño de unidad continental no se realizó, su sacrificio cimentó los cimientos de la libertad para millones de personas en América Latina.

Hoy, Simón Bolívar es recordado no solo como un libertador, sino como un símbolo eterno de lucha y valor moral. Su vida y su muerte ejemplar nos recuerdan que el verdadero heroísmo no reside en la victoria inmediata, sino en la dedicación incansable a un ideal más grande que uno mismo. Su legado sigue inspirando a aquellos que buscan construir una América Latina unida, libre y justa, un sueño que, aunque inalcanzado en su tiempo, aún resuena con fuerza en los corazones de millones de hispanoamericanos.

52. Lord Byron

Romanticismo y heroísmo en Grecia

Mesolongi, Grecia, 19 de abril de 1824. En un pequeño pueblo griego, George Gordon Byron, conocido como Lord Byron, murió lejos de su tierra natal, Inglaterra, pero rodeado por el fervor de una causa que había abrazado con pasión: la independencia de Grecia. A los 36 años, el poeta romántico, amante de la libertad y figura controvertida, cerró un capítulo lleno de escándalos, belleza y heroísmo.

Nacido en 1788, Byron creció en una familia aristocrática pero económicamente inestable. Desde joven, destacó por su atractivo físico, su carisma y su talento literario. Sus primeras publicaciones, como *Childe Harold's Pilgrimage*, lo catapultaron a la fama, consolidándolo como una de las voces principales del Romanticismo inglés. Con sus poemas apasionados y su vida disoluta, Byron se convirtió en una figura tan admirada como polémica, alimentando su propia leyenda con amores tempestuosos y una actitud de desafío hacia las normas sociales.

En 1816, tras una serie de escándalos personales, Byron abandonó Inglaterra y se instaló en Europa, donde vivió intensamente entre Italia, Suiza y Grecia. Durante este período, continuó escribiendo obras como *Don Juan*, un poema satírico que reflejaba su ingenio, su espíritu rebelde y su capacidad para capturar la complejidad humana.

En 1823, Byron abrazó la causa de la independencia griega, uniéndose al movimiento revolucionario contra el dominio otomano. Desembolsó gran parte de su fortuna personal para financiar la lucha y organizar una pequeña fuerza militar. Aunque carecía de experiencia como estratega, su carisma y compromiso le ganaron el respeto de los griegos. En Mesolongi, Byron se convirtió en un símbolo de esperanza para los insurgentes, quien veían en él no solo a un líder, sino también a un amigo de la libertad.

Sin embargo, las duras condiciones en Mesolongi y su estilo de vida pasaron factura a su salud. En abril de 1824, Byron contrajo fiebre, posiblemente malaria o una infección relacionada con el tratamiento médico rudimentario de la época. A pesar de los esfuerzos por salvarlo, murió rodeado de sus compañeros griegos, quienes quedaron devastados por la pérdida. Según los relatos, sus últimas palabras fueron: “Ahora debo dormir”.

La muerte de Byron tuvo un impacto profundo tanto en Grecia como en Europa. En Grecia, fue llorado como un héroe nacional, y su contribución a la causa fue inmortalizada en canciones, poemas y monumentos. En Inglaterra y el resto de Europa, su muerte consolidó su estatus como una figura romántica y trágica, el poeta que vivió y murió por sus ideales. El legado de Byron es tan diverso como su vida: un poeta que desnudó el alma humana con su pluma, un amante de la libertad que luchó por causas ajenas, y un hombre cuya intensidad y pasión lo convirtieron en un ícono de su tiempo. Como escribió Percy Bysshe Shelley en su elegía: “Lloren por Adonais; aunque ha muerto, no es de los que perecen por completo.”

53. ARTHUR SCHOPENHAUER

El filósofo del pesimismo y la voluntad

Arthur Schopenhauer (1788-1860), filósofo alemán conocido por su visión pesimista de la vida y por su profundo análisis de la voluntad humana, fue una figura incomprendida en su tiempo, pero cuyo legado transformó el pensamiento occidental. Su obra, que combina filosofía, psicología, arte y metafísica, explora las fuerzas irracionales que gobiernan la existencia humana y las inevitables frustraciones de la vida. Su muerte, como su vida, fue un acto de serenidad y aceptación ante las verdades incómodas que él mismo se esforzó por revelar.

Nacido en Danzig (actual Gdansk, Polonia) en una familia de comerciantes adinerados, Schopenhauer fue educado para seguir una carrera en los negocios. Sin embargo, tras la muerte de su padre, decidió dedicar su vida al estudio de la filosofía, influenciado por los escritos de Kant y el pensamiento oriental, especialmente el budismo y el hinduismo. Desde muy joven, desarrolló la idea de que la vida humana estaba dominada por una fuerza irracional y ciega que llamaba "voluntad", un impulso constante que lleva al sufrimiento y al deseo insatisfecho. En su obra magna *El mundo como voluntad y representación* (1818), Schopenhauer expuso su visión central: el mundo que percibimos es una representación subjetiva, pero detrás de esa apariencia se esconde la verdadera esencia de la realidad, la voluntad. Según él, la voluntad es una fuerza primigenia que impulsa todo en el universo, desde los fenómenos naturales hasta los deseos humanos. Sin embargo, esa voluntad nunca encuentra satisfacción plena, lo que condena a los seres humanos a una existencia marcada por el dolor, el sufrimiento y el eterno anhelo de algo más.

Schopenhauer veía la vida como un ciclo interminable de deseos y frustraciones. Para él, el sufrimiento era una condición inherente a la existencia, y la felicidad, un estado de fugaz y esquivo. A diferencia de otros filósofos, rechazaba el optimismo de su tiempo, especialmente el idealismo hegeliano. Su filosofía no ofrece soluciones utópicas, sino un llamado a aceptar la realidad tal como es: trágica y difícil.

Durante gran parte de su vida, Schopenhauer fue ignorado por el mundo académico y vivió en soledad. Publicó sus obras con escaso éxito y pasaron años alejados de los círculos intelectuales. Pero su pensamiento ganó reconocimiento en las últimas décadas de su vida, influyendo en figuras como Friedrich Nietzsche, Richard Wagner, Sigmund Freud y, posteriormente, escritores como Jorge Luis Borges y Thomas Mann.

A pesar de su visión pesimista, Schopenhauer vivió sus últimos años con una calma y una dignidad que reflejaban sus propias enseñanzas. Su rutina era sencilla y meticulosa: escribía por las mañanas, paseaba con su perro Atman (llamado así por el término sánscrito que significa "alma"), y dedicaba tiempo a la lectura y la música, especialmente de compositores como Mozart y Beethoven, a quienes consideraban expresiones sublimes de la voluntad humana.

Arthur Schopenhauer falleció el 21 de septiembre de 1860 en Fráncfort del Meno, a los 72 años, víctima de una insuficiencia respiratoria. Murió solo, en su hogar, sin grandes ceremonias ni actos dramáticos. Según los relatos, fue encontrado sentado en su sillón, con una expresión serena en el rostro, como si hubiera aceptado el final de su vida con la misma filosofía que predicaba: la muerte era, para él, una liberación del sufrimiento perpetuo que caracteriza la existencia humana.

54. John Brown

El mártir abolicionista

Charlestown, Virginia, 2 de diciembre de 1859. John Brown, el ferviente abolicionista estadounidense, murió a los 59 años tras ser ejecutado por su participación en el fallido asalto al arsenal de Harpers Ferry, un acto que buscaba desencadenar una rebelión de esclavos para poner fin a la esclavitud en Estados Unidos. Su muerte, lejos de apagar su causa, lo convirtió en un mártir de la lucha abolicionista y en un símbolo de la resistencia contra la injusticia.

Nacido el 9 de mayo de 1800 en Torrington, Connecticut, John Brown creció en una familia profundamente religiosa, cuyo fervor calvinista le inculcó una moral inquebrantable y un fuerte sentido de justicia. Su padre, un ferviente opositor de la esclavitud, fue una influencia decisiva en su vida, y desde joven, Brown desarrolló un compromiso radical contra esta institución que consideraba una ofensa directa a la voluntad de Dios. La fe y la moral religiosa de Brown lo llevaron a considerar que la lucha contra la esclavitud no era solo una cuestión política, sino un deber sagrado. Brown dedicó su vida a la causa abolicionista, pero sus métodos fueron radicales y controvertidos. Creía firmemente que las palabras y los discursos no eran suficientes para acabar con la esclavitud y que solo una acción violenta podría lograr la libertad de los afroamericanos esclavizados. A lo largo de los años, participó en múltiples armadas en defensa de los derechos de los afroamericanos. En la década de 1850, Brown se unió a la lucha en Kansas, un estado dividido por la cuestión de la esclavitud, donde lideró ataques contra los partidarios proesclavistas, lo que le valió la reputación de un hombre dispuesto a usar la violencia para lograr la justicia. Su acción más famosa y trascendental ocurrió en 1859, cuando lideró el asalto al arsenal federal de Harpers Ferry, Virginia. Su plan era tomar el arsenal, armar a los esclavos de la región y desencadenar una insurrección masiva que llevara al fin de la esclavitud en el sur de Estados Unidos. Con un pequeño grupo de seguidores, incluidos sus propios hijos, Brown utilizó el arsenal y mantuvo la posición durante dos días. Sin embargo, el plan fracasó. Las tropas federales, lideradas por el entonces coronel Robert E. Lee, capturaron a Brown ya sus hombres. El asalto terminó en una masacre, y Brown fue herido y arrestado.

Durante su juicio, John Brown demostró una serenidad y una convicción que impresionaron incluso a sus enemigos. Lejos de mostrar arrepentimiento, defendió sus con firmeza, argumentando que accionaba conforme a una ley moral superior, la ley de la justicia y la libertad. En su declaración final, dijo: "Ahora sé con certeza que los crímenes de esta tierra solo serán purgados con sangre. Si es necesario que yo muera para que millones de esclavos sean libres, que así sea". El 2 de diciembre de 1859, John Brown fue ahorcado en Charlestown, Virginia. La noticia de su ejecución conmocionó a Estados Unidos y dividió aún más al país entre los defensores y los opositores de la esclavitud. En el norte, Brown fue aclamado como un mártir, y su muerte se convirtió en un grito de guerra para los abolicionistas. En el sur, su acción fue vista como una prueba de la amenaza que representaban los movimientos abolicionistas.

A pesar de las críticas y las controversias que rodearon sus métodos, la muerte de John Brown sembró las semillas de la Guerra Civil estadounidense, que estallaría poco más de un año después. Su sacrificio marcó un punto de inflexión en la historia de Estados Unidos, y su figura se convirtió en un símbolo de la lucha por la libertad y los derechos humanos. El legado de John Brown ha sido objeto de debate a lo largo de los años. Para algunos, fue un extremista violento; para otros, un héroe que sacrificó todo por una causa justa. Lo que es indiscutible es que su vida y su muerte representan un compromiso absoluto con la justicia y la libertad. Brown no temía a la muerte, porque sabía que estaba entregando su vida por una causa superior. Sus últimas palabras a su carcelero fueron: "Estoy listo para enfrentar mi destino. Prefiero morir por la libertad que vivir en un mundo gobernado por la injusticia".

55. Giuseppe Garibaldi

El héroe de dos mundos

Caprera, Italia, 2 de junio de 1882. Giuseppe Garibaldi, el líder militar y revolucionario italiano que jugó un papel central en la unificación de Italia, falleció a los 75 años en su hogar en la isla de Caprera, en el Mediterráneo. Su muerte, tranquila y rodeada del respeto y la admiración de sus contemporáneos, contrastó con la intensidad de su vida, marcada por la lucha constante por la libertad, la justicia y la independencia. Conocido como el "héroe de dos mundos" por sus contribuciones tanto en Europa como en América, Garibaldi dejó un legado imborrable de valentía, sacrificio y compromiso con los ideales republicanos.

Nacido el 4 de julio de 1807 en Niza, entonces parte del Imperio Francés, Garibaldi creció en un entorno influido por los ideales de la Revolución Francesa y los movimientos revolucionarios de la época. Desde joven, mostró un fuerte sentido de justicia y un deseo de combatir la opresión. En su adolescencia, se dedicó al mar y se formó como marinero, pero pronto fue seducido por las ideas de Giuseppe Mazzini, líder del movimiento *Joven Italia*, que buscaba la unificación de la península italiana bajo un sistema republicano. En 1834, tras participar en un intento fallido de sublevación en Piamonte, Garibaldi fue condenado a muerte en ausencia y se vio obligado a huir de Italia. Este exilio lo llevó a América del Sur, donde, durante más de una década, se convirtió en un combatiente por la libertad en Brasil y

Uruguay. En Brasil, se unió a la revolución de los Farrapos en Río Grande del Sur, donde destacó por su liderazgo y sus tácticas guerrilleras. Más tarde, en Uruguay, lideró la defensa de Montevideo contra las fuerzas del dictador argentino Juan Manuel de Rosas, consolidando su reputación como un estratega militar brillante y un líder valiente.

Durante su tiempo en América, Garibaldi adoptó su característico atuendo de camisa roja, que se convertiría en un símbolo de su lucha por la libertad. También conoció a Anita, su compañera de vida y de lucha, quien se convirtió en una figura inseparable de sus campañas. Juntos, compartieron no solo el campo de batalla, sino también la visión de un mundo más justo. En 1848, Garibaldi regresó a Italia para participar en las revoluciones que estallaron por toda Europa. Aunque las sublevaciones fueron sofocadas, él continuó luchando por la causa italiana. En 1860, lideró la expedición de los "Mil", un ejército de voluntarios que desembarcó en Sicilia y derrotó al ejército borbónico en el Reino de las Dos Sicilias. Este triunfo permitió la anexión del sur de Italia al Reino de Cerdeña y marcó un paso decisivo hacia la unificación italiana.

A pesar de su papel crucial en la creación del Reino de Italia, Garibaldi nunca buscó la gloria personal ni el poder político. Rechazó títulos y privilegios, eligiendo en cambio retirarse a la isla de Caprera, donde llevó una vida sencilla. Sin embargo, continuó abogando por la justicia social y la igualdad, enfrentándose a quienes consideraba traidores a los ideales de la unificación. Garibaldi soñaba con una Italia verdaderamente libre y republicana, un sueño que no llegó a ver cumplido en vida.

El 2 de junio de 1882, Giuseppe Garibaldi murió rodeado de su familia en Caprera. A pesar de las divisiones políticas que aún persistían en Italia, su muerte fue un momento de unión nacional. Representó el cierre de una era de lucha por la independencia y la unidad italiana, y consolidó a Garibaldi como una figura heroica tanto en Italia como en el mundo. Garibaldi es recordado como un hombre que dedicó su vida a la causa de la libertad y la unidad, no solo en su tierra natal, sino también en otros continentes. Su ejemplo de valentía, humildad y compromiso sigue inspirando a generaciones. Como él mismo escribió: “Mis acciones han sido siempre guiadas por el amor a la humanidad y la justicia”.

56. ABRAHAM LINCOLN

La noche fatídica en el teatro

Washington DC, 14 de abril de 1865. Abraham Lincoln, el 16° presidente de los Estados Unidos y uno de los líderes más venerados de la historia, fue asesinado en el Teatro Ford mientras disfrutaba de una función. Su muerte, ocurrida solo cinco días después del fin de la Guerra Civil estadounidense, marcó un giro trágico en la historia de la nación.

Nacido en 1809 en una humilde cabaña en Kentucky, Lincoln ascendió desde la pobreza para convertirse en abogado autodidacta y, finalmente, en presidente. Su vida fue un ejemplo de perseverancia y esfuerzo personal, y su legado quedó grabado en la historia por su lucha incansable por la preservación de la Unión y la abolición de la esclavitud. Durante la Guerra Civil, lideró a los Estados Unidos en su momento más crítico, demostrando un liderazgo firme y compasivo que buscaba la reconciliación en lugar de la venganza.

Lincoln era conocido por su habilidad para comunicarse con el pueblo y por su profundo sentido de la justicia y la moralidad. Su famoso discurso de Gettysburg, pronunciado en 1863, sigue siendo uno de los más emblemáticos de la historia. En él, Lincoln reafirmó los ideales de libertad e igualdad sobre los que se fundaron los Estados Unidos: "Hace ochenta y siete años, nuestros padres trajeron a este continente una nueva nación, concebida en libertad y dedicada a la proposición de que todos los hombres son creados iguales".

La reelección de Lincoln en 1864 fue un reflejo del apoyo popular a su liderazgo. Sin embargo, el conflicto interno continuó dividiendo al país. Tras cuatro años de guerra devastadora, la rendición del ejército confederado el 9 de abril de 1865 pareció señalar el fin del conflicto. Lincoln estaba decidido a implementar un plan de reconstrucción basado sobre la reconciliación y la unidad, con el objetivo de curar las heridas de la nación. Pero esa visión de un país reunificado y reconciliado fue truncada la noche del 14 de abril de 1865. Mientras asistía a la obra *Our American Cousin* en el Teatro Ford, John Wilkes Booth, un actor simpatizante de la causa confederada, le disparó en la cabeza. Lincoln fue llevado a una casa cercana, donde permaneció en coma durante horas antes de fallecer al amanecer del 15 de abril.

La noticia de su asesinato conmocionó a la nación y al mundo. El funeral de Lincoln se convirtió en un evento multitudinario, y su cuerpo fue llevado en un largo viaje en tren desde Washington DC hasta Springfield, Illinois, donde fue enterrado. Millones de personas acudieron a despedirse del presidente que había guiado a la nación a través de su crisis más grave y que había pagado el precio más alto por su compromiso con la libertad y la unidad.

Abraham Lincoln fue un líder que se enfrentó a los momentos más oscuros de su nación con valentía, compasión y una fe inquebrantable en la humanidad. Su muerte trágica en el Teatro Ford fue el fin de una vida ejemplar, pero también el comienzo de un legado que sigue vivo en la lucha por la igualdad y la justicia. Como dijo en su discurso de Gettysburg: "El gobierno del pueblo, por el pueblo y para el pueblo no perecerá de la Tierra".

57. ANTON CHÉJOV

Un brindis con champán

Badenweiler, Alemania, 15 de julio de 1904. Anton Chéjov, uno de los escritores más importantes de la literatura rusa, falleció a los 44 años, dejando un vacío inmenso en las letras y en el mundo del teatro. Su muerte, tras una larga lucha contra la tuberculosis, ocurrió en un lugar alejado de su Rusia natal, pero su legado como un maestro del relato corto y del teatro contemporáneo sigue vivo hasta hoy.

Nacido en 1860 en Taganrog, Rusia, Chéjov se destacó desde joven por su talento para las letras. En sus primeros años, trabajó como médico, una profesión que le proporcionaba un sustento mientras desarrollaba su pasión por la escritura. Sin embargo, la tuberculosis, enfermedad que arrastró durante gran parte de su vida, marcó tanto su salud como sus escritos. A pesar de su enfermedad, Chéjov no dejó de trabajar, escribiendo relatos cortos y obras de teatro que lo convertirían en un gigante de la literatura. Es muy conocido por sus obras teatrales, como *El jardín de los cerezos, Tío Vania, Las tres hermanas.* A través de sus personajes complejos y sus diálogos aparentemente sencillos, pero cargados de subtexto, Chéjov logró capturar la vida de la Rusia provincial con una mirada profunda y humana. A menudo centrado en las pequeñas frustraciones y deseos insatisfechos de la vida cotidiana, sus obras exploraban las contradicciones de la naturaleza humana con una sutil ironía.

Además de sus contribuciones al teatro, Chéjov fue un maestro del relato corto. Sus historias, como *La dama del perrito* y *La conjura*, son famosos por su capacidad para capturar momentos decisivos en la vida de sus personajes, reflejando la complejidad emocional y las tensiones internas con una economía de palabras que lo convirtió en uno de los grandes innovadores del género.

A pesar de su éxito como escritor, la salud de Chéjov nunca mejoró, y la tuberculosis lo debilitaba cada vez más. En 1904, dado su estado físico, emprendió un viaje a Badenweiler, en el suroeste de Alemania, en busca de tratamiento. Durante su estancia en la ciudad balneario, Chéjov continuó escribiendo, pero su salud se deterioró rápidamente. En sus últimas horas, se dice que, mientras brindaba con champán, Chéjov pronunció un comentario irónico y reflexivo sobre su situación: "¡La vida es maravillosa, pero también la muerte lo es!"

Chéjov murió esa noche, dejando una obra que trascendió su tiempo y que sigue siendo leída, representada y admirada en todo el mundo. Sus relatos y obras teatrales continúan siendo una fuente de estudio y admiración, no solo por su riqueza literaria, sino por su capacidad para abordar la complejidad de la vida humana con una sencillez deslumbrante. La tumba de Chéjov, ubicada en el Cementerio Novodévichi de Moscú, es visitada por admiradores de todas partes del mundo. Su legado como uno de los más grandes escritores de la literatura mundial permanece firme, y su influencia sigue viva tanto en la literatura como en el teatro contemporáneo.

58. Edgar Allan Poe

El maestro de lo macabro

Edgar Allan Poe (1809-1849), escritor, poeta, crítico y editor estadounidense, es una de las figuras más enigmáticas y fascinantes de la literatura universal. Maestro del relato corto, precursor de la novela de detectives y renovador del género gótico, su vida estuvo marcada por la tragedia, la pobreza y las sombras que también definieron su obra. Su muerte, envuelta en un halo de misterio, dejó preguntas sin respuesta, pero también consolidó su legado como el poeta oscuro que transformó el horror y la locura en arte imperecedero.

Nacido en Boston, en el seno de una familia de actores itinerantes, Poe quedó huérfano a muy temprana edad. Fue adoptado por John Allan, un rico comerciante de Virginia, con quien mantenía una relación tormentosa. Desde joven, Poe mostró un talento precoz para la literatura, pero también una personalidad atormentada por sus demonios internos. Las pérdidas tempranas y la constante búsqueda de aceptación marcaron su carácter melancólico y su obsesión por los temas de la muerte, el amor perdido y la decadencia moral. Tras abandonar la universidad por falta de recursos y un fallido intento de ingresar en el ejército, Poe dedicó su vida a la escritura. Publicó relatos y poemas que pronto lo hicieron destacar en el panorama literario, pero su éxito fue agridulce. A pesar de su genio creativo, vivió siempre al borde de la miseria, luchando contra la crítica despiadada y el desdén de la sociedad literaria de su tiempo. Obras como

El cuervo, *La caída de la Casa Usher* y *El corazón delator* lo consagraron como el maestro del terror psicológico, capaz de explorar las profundidades más oscuras de la mente humana.

Con el tiempo, la vida de Poe se tornó un reflejo de sus propios escritos: un descenso hacia la tragedia y el desvarío. La muerte de su esposa Virginia Clemm, a quien amaba profundamente, intensificó su inclinación hacia la desesperación y la autodestrucción. Su salud se deterioró debido al alcoholismo y la pobreza, y sus últimos días fueron tan inquietantes como sus relaciones. El 3 de octubre de 1849, Poe fue encontrado deambulando por las calles de Baltimore, desorientado y vestido con ropa que no le pertenecía. Cuatro días después, murió en un hospital, dejando tras de sí un misterio que aún hoy permanece sin resolver.

Las circunstancias de su muerte han dado lugar a numerosas teorías: envenenamiento, delirium tremens, sobredosis de drogas e incluso asesinato. Sin embargo, lo que realmente perdura es el impacto de su obra. Con su pluma, Poe exploró los miedos y las obsesiones más profundas del ser humano, estableciendo las bases del cuento moderno y del género policial. Su legado se extiende más allá de la literatura, influenciando la música, el cine y la cultura popular, donde su figura sigue fascinando como símbolo de la genialidad maldita. Su obra, profundamente vinculada a la muerte, la locura y el destino trágico, le asegura un lugar entre los grandes de la literatura. Con cada verso y relato, Poe dejó una huella imborrable, transformando su tormento en arte sublime. Hoy Poe es recordado no solo por sus relatos de horror, sino también por ser uno de los primeros autores que se atrevió a explorar los límites de la mente humana. Su legado sigue vivo, recordándonos que el misterio, la tragedia y la poesía son parte esencial del alma humana.

59. ADA LOVELACE

La primera programadora

Londres, Inglaterra, 27 de noviembre de 1852. Ada Lovelace, la pionera de la informática y la primera persona en desarrollar un algoritmo para ser procesado por una máquina, murió a los 36 años, víctima de cáncer de útero. Aunque su vida fue breve, su legado como la madre de la programación informática ha trascendido el tiempo, y su visión de las máquinas como herramientas de cálculo más allá de la aritmética anticipó el mundo digital que conocemos hoy.

Nacida en 1815, Ada Lovelace fue la hija única del poeta Lord Byron y su esposa Annabella Milbanke. Desde pequeña, Ada mostró una inteligencia excepcional, particularmente en matemáticas, que fue fomentada por su madre, quien temía que la joven heredara el temperamento volátil de su padre. A lo largo de su educación, Ada se convirtió en una excelente estudiante de matemáticas, pero su carrera científica comenzó realmente cuando conoció a Charles Babbage, un matemático e inventor, en 1833. Babbage estaba trabajando en la "máquina analítica", un precursor mecánico de la computadora moderna, y Ada se fascinó por su concepto. A lo largo de sus años de colaboración, Ada Lovelace desarrolló ideas y notas sobre cómo la máquina de Babbage podía ser utilizada para hacer mucho más que simples cálculos numéricos. Su famosa nota de 1843 describía un algoritmo para calcular los números de Bernoulli usando la máquina analítica, lo que la convierte en la primera persona en desarrollar un programa informático.

A pesar de la importancia de sus contribuciones, Ada Lovelace no vivió lo suficiente para ver el impacto de su trabajo. En su época, las ideas de la computación eran aún un concepto abstracto, y aunque su visión era avanzada, quedó en gran parte sin reconocimiento. Además, su vida estuvo marcada por dificultades personales, como un matrimonio tumultuoso con William King, con quien tuvo tres hijos, y sus problemas de salud, que la llevaron a una vida relativamente aislada.

Ada Lovelace murió en 1852 a los 36 años, a la misma edad en que falleció su padre, Lord Byron. Su muerte prematura significó que no pudo ver cómo sus teorías se convertirían en la base de la informática moderna. No fue hasta el siglo XX, cuando los avances en computación empezaron a materializarse, que el trabajo de Ada comenzó a recibir el reconocimiento que merecía. Hoy, Ada Lovelace es considerada una de las figuras más importantes en la historia de la ciencia y la tecnología. Su legado como la primera programadora de la historia sigue inspirando a mujeres y hombres en el campo de la tecnología, y su capacidad para ver más allá de las limitaciones de su tiempo demuestra el poder de la imaginación y la visión científica. Como ella misma dijo: “Lo que en este mundo más se necesita es una mente lógica, capaz de ver los fines y los medios, y como la naturaleza lo ha dispuesto, encaminarse hacia ellos”.

60. Maximiliano de Habsburgo

Un imperio que se desmoronó

Querétaro, México, 19 de junio de 1867. Maximiliano de Habsburgo, el archiduque de Austria que fue proclamado emperador de México en un intento de establecer una monarquía europea en tierras americanas, fue ejecutado a los 34 años. Su muerte, aunque trágica, fue ejemplar en la dignidad con la que enfrentó su destino y marcó el fin de uno de los episodios más controvertidos de la historia de México. Maximiliano murió convencido de que había luchado por un ideal, y sus últimas palabras reflejan ese compromiso: "Morir por México no es una vergüenza, sino un honor".

Nacido en 1832 en Viena, en el seno de la poderosa familia de los Habsburgo, Maximiliano fue educado para ser un príncipe ilustrado. Desde joven, mostró un interés por la ciencia, las artes y la política, y desarrolló una visión liberal y humanista que lo distinguió del resto de la aristocracia europea. Su destino cambió radicalmente cuando, en 1863, un grupo de conservadores mexicanos, respaldados por el emperador francés Napoleón III, lo invitó a ocupar el trono de México. En aquel momento, México atravesaba una profunda crisis política y social. El país estaba dividido entre los liberales, liderados por Benito Juárez, que defendían la República y las reformas liberales; y los conservadores, que anhelaban una restauración monárquica. Aprovechando esta inestabilidad, Napoleón III vio la oportunidad de establecer un imperio títere en América Latina que asegurara los intereses europeos en la región. Maximiliano, seducido por la idea de llevar la modernidad y la paz a un país dividido, aceptó la corona, a pesar de las advertencias de su familia y de la falta de apoyo popular en México.

En 1864, Maximiliano llegó a México acompañado de su esposa, la emperatriz Carlota. Desde el inicio, su reinado estuvo marcado por contradicciones. Aunque levantó el trono con el respaldo de las tropas francesas, Maximiliano adoptó políticas liberales que alienaron a sus propios aliados conservadores. Abolió el trabajo forzado, promovió la educación y la igualdad ante la ley, e incluso intentó reconciliarse con los republicanos. Sin embargo, estas medidas no fueron suficientes para ganar la legitimidad necesaria. La mayoría del pueblo mexicano seguía viendo en él un impuesto extranjero por potencias extranjeras. La situación de Maximiliano se complicó aún más cuando, en 1866, Napoleón III retiró sus tropas de México debido a la presión de Estados Unidos y los costos crecientes de la intervención. Sin el apoyo militar francés, el Imperio de Maximiliano se desmoronó rápidamente. A pesar de las múltiples oportunidades que tuvo para abandonar México, Maximiliano decidió quedarse y luchar, convencido de que debía cumplir con su deber hasta el final.

El 15 de mayo de 1867, Maximiliano fue capturado en Querétaro por las fuerzas republicanas de Benito Juárez. Fue sometido a un juicio sumario y condenado a muerte. Aunque algunos líderes internacionales intentaron interceder por él, Juárez mantuvo la sentencia, argumentando que la ejecución de Maximiliano era necesaria para reafirmar la soberanía de México y poner fin a las intervenciones extranjeras. La mañana del 19 de junio de 1867, Maximiliano fue llevado al Cerro de las Campanas, junto con sus generales Miguel Miramón y Tomás Mejía. Vestido de negro y con serenidad, se despidió de sus compañeros y rechazó ser vendado. En sus últimas palabras, pidió clemencia para México y expresó su amor por el país que había intentado gobernar: "Perdono a todos, y pido que mi sangre sea la última que se derrame por esta causa".

La muerte de Maximiliano no solo marcó el fin del Segundo Imperio Mexicano, sino que también vendió su lugar en la historia como una figura trágica y romántica. Su ejecución fue vista por muchos como un acto necesario para la consolidación de la República, pero también como un acto de ingratitud hacia un hombre que, aunque extranjero, había intentado gobernar con justicia y promover el bienestar del pueblo mexicano. Maximiliano de Habsburgo murió convencido de que había hecho lo correcto, y aunque su imperio fue efímero, su legado perdura como un recordatorio de los desafíos que enfrenta cualquier nación que lucha por definir su propio destino. En palabras de su esposa Carlota, que también sufrió las consecuencias de este trágico capítulo: "El mundo juzgará, pero la historia comprenderá".

61. ALFRED NOBEL

El inventor que dejó un legado de paz tras una vida explosiva

Alfred Nobel (1833-1896), químico, ingeniero, inventor y empresario sueco, es una figura paradójica en la historia: el hombre que perfeccionó los explosivos más devastadores de su tiempo, pero que también dejó a la humanidad un legado de paz y progreso a través de los premios que llevan su nombre. Su vida estuvo marcada por la ciencia y la industria, pero su muerte reveló la profundidad de sus inquietudes éticas y su deseo de redimir su propia obra.

Nacido en Estocolmo en una familia de ingenieros, Nobel mostró desde joven una gran pasión por la química y la poesía. Fue educado en diversas ciudades europeas, donde perfeccionó sus conocimientos científicos. Sin embargo, sería la invención de la dinamita lo que cambiaría su destino y el del mundo. En 1867, Nobel patentó este potente explosivo, revolucionando la ingeniería y la minería, pero también facilitando la destrucción en los campos de batalla.

Con el tiempo, Nobel acumuló una enorme fortuna gracias a sus más de 350 patentes, pero también fue criticado por la utilización bélica de sus inventos. La prensa lo apodó "el mercader de la muerte", y esa imagen pública lo afectó profundamente. En 1888, cuando murió su hermano Ludvig, un periódico francés publicó por error el obituario de Alfred, bajo el título: "El doctor Alfred Nobel, quien se hizo rico encontrando maneras de matar a más personas más rápido que nunca antes, ha fallecido". Esta experiencia marcó un punto de inflexión en su vida. Nobel se enfrentó a una pregunta esencial: ¿qué legado dejaría al mundo? La respuesta a esa pregunta llegaría el 27 de noviembre de 1895, cuando firmó su testamento en el Club Sueco-Noruego de París. En un gesto inesperado, decidió que la mayor parte de su fortuna se destinara a la creación de los Premios Nobel, que reconocerían anualmente a quienes hicieran "el mayor beneficio a la humanidad" en los campos de la física, la química, la medicina, la literatura y la paz. Con ello, Nobel buscaba redimirse y contrarrestar el impacto negativo de sus inventos.

El 10 de diciembre de 1896, Alfred Nobel falleció en San Remo, Italia, víctima de un derrame cerebral. Su muerte no estuvo rodeada de actos heroicos ni gestos dramáticos, pero el legado que dejó tras de sí cambiaría el curso de la historia. La fundación de los Premios Nobel no solo honró su memoria, sino que también transformó la percepción que el mundo tenía de él: de un industrial vinculado a la muerte, pasó a ser un filántropo comprometido con el progreso y la paz mundial. En su testamento, dejó claro que el Premio Nobel de la Paz debía entregarse a quien hubiera hecho los mayores esfuerzos por la "fraternidad entre las naciones, la abolición o reducción de los ejércitos permanentes y la celebración de congresos de paz".

Desde la primera entrega de los premios en 1901, los galardones Nobel se han convertido en el reconocimiento más prestigioso del mundo, honrando a figuras como Marie Curie, Albert Einstein, Martin Luther King Jr. y Malala Yousafzai. Cada uno de esos laureados es una prueba de que el deseo de Nobel de fomentar el conocimiento y la paz no fue en vano. La historia de Alfred Nobel es un poderoso recordatorio de que las personas no son definidas únicamente por sus acciones pasadas, sino también por sus actos finales. Como escribió en una ocasión: “Si tuviera mil ideas y solo una resultara ser buena, estaría satisfecho”. Y fue precisamente una idea, la de los premios que llevan su nombre, la que aseguró que Alfred Nobel sería recordado no por las explosiones que causaron sus inventos, sino por los premios que llevan su nombre y que sirven para honrar a los más grandes hombres y mujeres por sus aportes a la humanidad.

62. Mark Twain

El cronista del alma americana

Mark Twain (1835-1910), nacido como Samuel Langhorne Clemens, fue más que un escritor: fue un observador crítico de la sociedad, un humorista mordaz y un narrador que dio voz a la América profunda. Autor de obras inmortales como *Las aventuras de Tom Sawyer* y *Las aventuras de Huckleberry Finn,* Twain retrató con maestría las contradicciones humanas, las injusticias sociales y los dilemas morales que siguen resonando en la actualidad. Su vida estuvo llena de éxitos literarios, pero también de tragedias personales, y su muerte marcó el final de una existencia profundamente ligada al misterio del cosmos.

Nacido en Florida, Misuri, en una familia modesta, Twain vivió su infancia en Hannibal, a orillas del río Misisipi, un entorno que más tarde se convertiría en el escenario de sus novelas más emblemáticas. Desde joven, mostró una fascinación por las palabras y las historias, pero su camino hacia la fama fue accidental. Antes de convertirse en escritor, trabajó como aprendiz de impresor, piloto de barcos de vapor, buscador de oro y periodista. Fue en sus crónicas periodísticas donde comenzó a forjarse su estilo único: una mezcla de sátira, ironía y aguda observación de la condición humana. El seudónimo Mark Twain, que adoptó durante sus años como piloto de barcos en el Misisipi, es un término náutico que significa "marca dos" o "dos brazas de profundidad", una medida de seguridad para navegar en aguas poco profundas. Pero ese nombre se convirtió en mucho más que una referencia fluvial: simbolizó su capacidad para navegar en las aguas profundas y turbias de la sociedad americana.

Twain alcanzó la fama literaria con *Las aventuras de Tom Sawyer* (1876), pero fue *Las aventuras de Huckleberry Finn* (1885) la obra que cimentó su lugar en la historia de la literatura. Con un estilo coloquial y un tono humorístico, Twain abordó temas como la esclavitud, el racismo y la libertad individual, desafiando las convenciones literarias de su tiempo. Ernest Hemingway afirmaría años después que "toda la literatura estadounidense moderna procede de un libro de Mark Twain: *Huckleberry Finn*".

Pero la vida de Twain estuvo lejos de ser un cuento feliz. Pese a sus éxitos, pérdidas devastadoras: la muerte de tres de sus hijos y de su esposa, Olivia Langdon, lo sumieron en la tristeza y el pesimismo. Además, sus malas inversiones lo llevaron a la bancarrota en varias ocasiones. Sin embargo, incluso en los momentos más oscuros, Twain mantuvo su sentido del humor ácido y su espíritu crítico, escribiendo ensayos mordaces sobre la religión, la política y la naturaleza humana. El final de la vida de Twain estuvo marcado por un detalle curioso y poético: nació en 1835, el año en que el cometa Halley pasó cerca de la Tierra, y predijo que moriría cuando el cometa regresara. En 1909, Twain dijo: "Vine con el cometa Halley en 1835. Volverá el próximo año, y espero irme con él. Sería la mayor decepción de mi vida si no lo hago". El 21 de abril de 1910, un día después del paso del cometa Halley, Twain falleció en Redding, Connecticut, a los 74 años. Su muerte, como su vida, estuvo rodeada de un aire casi mítico, como si hubiera estado en sintonía con los ritmos del universo. Su partida fue el adiós de un cronista de la humanidad, un hombre que, a través del humor y la ironía, logró mostrar las verdades más dolorosas y profundas de la existencia.

63. Thomas Edison

El apagón final del inventor

West Orange, Nueva Jersey, 18 de octubre de 1931. Thomas Alva Edison, uno de los inventores más prolíficos y célebres de la historia, murió a los 84 años. Su fallecimiento marcó el fin de una vida dedicada al progreso científico y tecnológico, una existencia que dejó un impacto indeleble en la humanidad. Su legado, compuesto por más de mil patentes y una revolución eléctrica que iluminó el mundo, lo consagró como una de las figuras más influyentes del siglo XX. Sin embargo, su vida también estuvo marcada por la ambición y la controversia.

Nacido el 11 de febrero de 1847 en Milan, Ohio, Edison fue un autodidacta que mostró desde joven una curiosidad insaciable por la ciencia y la tecnología. Aunque recibió poca educación formal, su deseo de aprender lo llevó a experimentar con electricidad y comunicaciones desde temprana edad. Trabajó como telegrafista, oficio que despertó su interés en la transmisión de información y lo llevó a sus primeras invenciones. A lo largo de su vida, Edison acumuló un catálogo de inventos que transformaron el mundo moderno: el fonógrafo, la bombilla eléctrica, el kinescopio y un sistema de distribución de energía eléctrica que hizo posible la electrificación de ciudades enteras. Su invento más emblemático, la bombilla incandescente, no solo trajo luz a los hogares, sino que también simbolizó la capacidad humana de convertir la oscuridad en claridad. Edison no inventó la luz eléctrica, pero perfeccionó y comercializó una versión práctica que revolucionó la vida cotidiana y cambió para siempre la forma en que vivimos.

Edison fue un hombre de visión, pero también de tenacidad y sacrificio. Su famosa frase "El genio es uno por ciento inspiraciones y noventa y nueve por ciento transpiraciones" reflejaba su filosofía de trabajo incansable y su creencia de que el éxito era fruto de la perseverancia. Su capacidad para anticipar el potencial de nuevas tecnologías y llevarlas al mercado lo convirtió en una figura central de la industrialización de finales del siglo XIX y principios del XX.

Sin embargo, su carrera no estuvo exenta de polémica. Uno de los episodios más conocidos fue su rivalidad con Nikola Tesla, un brillante ingeniero que había trabajado para él antes de convertirse en su principal competidor. Edison defendía la corriente continua (DC) como el estándar para la distribución de electricidad, mientras que Tesla abogaba por la corriente alterna (AC), un sistema más eficiente para largas distancias. Este enfrentamiento, conocido como la "Guerra de las Corrientes", se convirtió en una batalla tecnológica y empresarial que marcó la historia de la energía eléctrica. Aunque Edison perdió la disputa técnica, su influencia y capacidad empresarial le aseguraron un lugar en la historia como uno de los principales artífices de la electrificación del mundo.

A pesar de su éxito, los últimos años de Edison fueron más tranquilos. Retirado de la vida pública, dedicó su tiempo a sus pasatiempos, como la jardinería y la experimentación en su laboratorio personal. Su salud comenzó a deteriorarse, pero su mente inquieta nunca dejó de buscar soluciones a los problemas cotidianos. Hasta el final, Edison mantuvo su espíritu creativo, aunque los años de intenso trabajo y la competencia feroz habían dejado su marca en él.

Edison falleció el 18 de octubre de 1931, rodeado de su familia y en la misma casa que había sido testigo de sus más grandes logros. Su muerte fue un evento de relevancia mundial. En su honor, ciudades de todo el mundo apagaron sus luces durante un minuto, un tributo simbólico al hombre que había iluminado la vida de millones. Hoy, Thomas Edison es recordado como uno de los mayores inventores de la historia, un hombre cuya ambición y determinación dieron forma al mundo moderno. Su vida y su obra continúan inspirando a generaciones de inventores y emprendedores que buscan, como él, convertir sus sueños en realidades tangibles.

"Muchas de las fallas de la vida son de personas que no se dieron cuenta de lo cerca que estaban del éxito cuando se dieron por vencidas", dijo una vez Edison.

64. Nicolás II

El zar y el fin de la dinastía Romanov

Nicolás Alexandrovich Romanov nació en 1868, destinado desde su infancia a heredar uno de los tronos más poderosos del mundo. Ascendió al poder en 1894, tras la muerte de su padre, Alejandro III. Aunque tenía un carácter amable y devoto, carecía del liderazgo y la firmeza necesarios para gobernar un imperio en crisis. Bajo su reinado, Rusia enfrentó derrotas humillantes, como la guerra ruso-japonesa, la Primera Guerra Mundial y una creciente ola de descontento social que culminó en la Revolución Rusa.

La vida privada de Nicolás estuvo marcada por su amor incondicional hacia su esposa, la zarina Alejandra Fiódorovna, y hacia sus cinco hijos: Olga, Tatiana, María, Anastasia y el zarevich Alexei. Este último, afectado por hemofilia, demandaba una atención constante que estrechó aún más los lazos familiares, pero también acentuó el aislamiento político de Nicolás.

La Revolución de febrero de 1917 marcó el fin del reinado de Nicolás. Obligado a abdicar, primero intentó asegurar la continuidad de la monarquía transfiriendo el trono a su hermano Miguel, quien lo rechazó. Nicolás y su familia fueron arrestados y trasladados a diversos lugares antes de ser confinados en la Casa Ipátiev, en Ekaterimburgo. En sus últimos meses, Nicolás y su familia vivieron en condiciones de creciente dureza, abandonados no solo por el pueblo que una vez gobernaron, sino también por sus parientes de las monarquías europeas, quienes no intervinieron para rescatarlos. Esta indiferencia simbolizó el ocaso de una era donde las coronas europeas estaban intrincadamente unidas por lazos familiares.

La madrugada del 17 de julio de 1918, la familia Romanov fue despertada con el pretexto de ser trasladada a un lugar más seguro. Nicolás, consciente de que el desenlace estaba cerca, se enfrentó a sus últimos momentos con una calma estoica. Cuando les ordenaron bajar al sótano, pidió una silla para su hijo Alexei, debilitado por su enfermedad. De pie junto a Alejandra y sus hijas, intentó mantener la compostura mientras el comandante Yakov Yurovsky leía la orden de ejecución.

La ejecución fue un acto de crueldad caótica. Los disparos comenzaron de inmediato, pero las joyas cosidas en las prendas de las grandes duquesas desviaron las balas, prolongando su agonía. Los verdugos, incapaces de matarlas rápidamente, recurrieron a bayonetas para completar la tarea. En minutos, la familia Romanov y sus sirvientes fueron asesinados. Posteriormente, sus cuerpos fueron trasladados a un bosque cercano, donde fueron mutilados, quemados parcialmente y enterrados en fosas improvisadas.

La ejecución de Nicolás II y su familia marcó no solo el fin de la autocracia zarista, sino también el inicio de una nueva etapa de la historia rusa bajo el dominio bolchevique. Décadas después, en 1991, los restos de la familia Romanov fueron exhumados y, tras rigurosos análisis forenses, enterrados con honores en la Catedral de Pedro y Pablo en San Petersburgo. En el año 2000, Nicolás II, Alejandra y sus hijos fueron canonizados como mártires por la Iglesia Ortodoxa Rusa, transformándose en símbolos de sacrificio y fe. El zar Nicolás II, que alguna vez gobernó como "el Pequeño Padre" de toda Rusia, murió como un hombre corriente, enfrentando su destino con dignidad en medio del abandono y la adversidad.

65. Friedrich Nietzsche

El filósofo consumido por la locura

Weimar, Alemania, 25 de agosto de 1900. Friedrich Nietzsche, uno de los pensadores más influyentes y controvertidos de la filosofía moderna, murió a los 55 años, consumido por la locura y el aislamiento. El hombre que proclamó la "muerte de Dios" y desafió las bases morales de la civilización occidental vivió sus últimos años atrapado en un silencio mental que contrastaba con la fuerza devastadora de sus ideas. Su muerte fue el desenlace trágico de una vida signada por la búsqueda de la verdad y la confrontación con los valores establecidos.

Nacido en 1844 en Röcken, Prusia, Nietzsche creció en una familia luterana profundamente religiosa. Su padre, un pastor protestante, murió cuando él tenía solo cinco años, lo que dejó una huella indeleble en su vida. A pesar de su entorno religioso, Nietzsche desarrolló desde joven un pensamiento crítico y cuestionador que lo llevó a estudiar filología y filosofía. A los 24 años, se convirtió en profesor en la Universidad de Basilea, pero su salud frágil y su mente inquieta lo llevaron a abandonar la academia tradicional para dedicarse plenamente a su obra filosófica.

Nietzsche escribió algunas de las obras más revolucionarias del pensamiento occidental, como *Así habló Zaratustra, Más allá del bien y del mal* y *El anticristo*. En ellas, proclamó la necesidad de una "transvaloración de los valores", abogando por superar las morales tradicionales basadas sobre el cristianismo y el resentimiento. Nietzsche proponía que el ser humano debía aspirar a convertirse en el *Übermensch* (superhombre), un individuo capaz de crear sus propios valores y vivir con valentía y autenticidad en un mundo carente de certezas absolutas. Su concepto del "eterno retorno" y su crítica a la moral cristiana desafiaron las estructuras filosóficas y religiosas de su tiempo, convirtiéndolo en una figura tanto admirada como repudiada.

Sin embargo, mientras su obra crecía en intensidad, su salud mental comenzó a deteriorarse. En 1889, Nietzsche sufrió un colapso nervioso en Turín, Italia. Según la leyenda, el colapso ocurrió tras ver a un cochero golpear brutalmente a un caballo: Nietzsche, profundamente conmovido, abrazó al animal y cayó al suelo llorando. Fue encontrado días después escribiendo cartas incoherentes firmadas como "Dioniso" o "El Crucificado", lo que reflejaba su estado mental cada vez más caótico.

A partir de entonces, Nietzsche pasó el resto de su vida en un estado de deterioro mental irreversible. Fue internado en varias instituciones psiquiátricas y finalmente quedó bajo el cuidado de su madre y su hermana, Elisabeth Förster-Nietzsche. Su hermana, una admiradora del nacionalismo alemán, manipuló los escritos de Nietzsche para alinearlos con ideologías políticas que el filósofo nunca apoyó, incluyendo el antisemitismo y el fascismo, lo que distorsionó su legado durante décadas.

Nietzsche murió en 1900, debilitado por una neumonía y un derrame cerebral. Su muerte fue tranquila, pero el estado en el que pasó sus últimos años contrasta con la fuerza y la lucidez que caracterizaron su pensamiento. La locura que lo consumió ha sido objeto de debate entre historiadores y médicos, algunos de los cuales sostienen que fue causada por sífilis, mientras que otros sugieren que pudo haber sido un trastorno neurológico degenerativo. Aunque murió en silencio, Nietzsche vivió como un pensador desafiante que nunca dejó de cuestionar las certezas establecidas. Como escribió en *Ecce Homo*, su obra autobiográfica: "Quien tiene un porqué para vivir, puede soportar casi cualquier cómo". Nietzsche encontró su "porqué" en la búsqueda incesante de la verdad, aunque esa búsqueda lo llevó a los límites de la cordura.

66. Van Gogh

El eco del disparo en los campos de trigo

Auvers-sur-Oise, Francia, 29 de julio de 1890. Bajo un cielo tempestuoso que parecía reflejar su turbulento espíritu, Vincent van Gogh, uno de los pintores más influyentes de la historia del arte, murió dos días después de haberse disparado en el pecho. Su vida, marcada por la soledad y el sufrimiento, terminó en un acto que reflejaba el profundo dolor que había impregnado su existencia.

Nacido en 1853 en Zundert, Países Bajos, Vincent creció en una familia religiosa. Tras intentos fallidos en varias vocaciones, desde el comercio de arte hasta la predicación, encontró su verdadera pasión en la pintura. Su carrera artística, aunque corta, fue extraordinariamente productiva: en poco más de una década, creó cerca de 2.000 obras, entre ellas algunas de las más icónicas del arte occidental, como *La noche estrellada* y *Los girasoles*. Pero, a pesar de su talento, la vida de Van Gogh estuvo plagada de luchas. Sufría episodios de inestabilidad mental, que lo llevaron a internarse voluntariamente en un hospital psiquiátrico en Saint-Rémy-de-Provence. Allí pintó algunas de sus obras más célebres, transformando su sufrimiento en arte. Su salud mental y emocional siguió deteriorándose, exacerbada por su aislamiento y la falta de reconocimiento: en vida solo vendió una pintura.

En mayo de 1890, Vincent se trasladó a Auvers-sur-Oise, un pequeño pueblo cercano a París, para estar bajo el cuidado del doctor Paul Gachet, quien también era amante del arte. Durante este período, produjo una asombrosa cantidad de obras, pero su estado emocional era cada vez más precario. El 27 de julio, salió al campo con un revólver que había tomado prestado, probablemente con la intención de acabar con su vida. Se disparó en el pecho, pero la descarga no fue inmediatamente fatal. Logró regresar al albergue donde se alojaba, donde fue atendido por el doctor Gachet y su hermano Theo.

En sus últimas horas, Vincent expresó una extraña calma. Según Theo, sus últimas palabras fueron: "La tristeza durará para siempre". Murió el 29 de julio, con su hermano a su lado, el único miembro de su familia que siempre lo apoyó incondicionalmente.

El entierro de Van Gogh fue sencillo, con la asistencia de unos pocos amigos, incluidos Gachet y el pintor Émile Bernard. Su tumba, rodeada de girasoles, se encuentra en el cementerio de Auvers-sur-Oise, junto a la de Theo, quien murió pocos meses después, devastado por la pérdida de su querido hermano.

Aunque su vida estuvo llena de incomprensión y sufrimiento, el legado de Van Gogh es monumental. Su estilo vibrante, sus colores audaces y su capacidad para capturar emociones universales lo convirtieron en un símbolo de la lucha del artista por encontrar belleza en un mundo caótico. Como escribió en una de sus cartas: "Uno debe amar tanto la vida como para desear pintarla, y amar tanto la pintura como para querer vivir dentro de ella".

67. JOSÉ MARTÍ PÉREZ

Morir de cara al sol

José Martí, el apóstol de la independencia cubana, vivió con la pasión de un visionario y murió con la dignidad de un mártir. Su vida fue un acto de entrega total a los ideales de libertad, justicia y sacrificio, y su muerte se convirtió en el símbolo más puro de la lucha por la emancipación de su pueblo. Martí no solo soñó con una Cuba libre: vivió y murió por ese sueño, enfrentando el destino con un estoicismo y una convicción que lo elevaron a la categoría de leyenda.

Nacido el 28 de enero de 1853 en La Habana, Martí demostró desde joven un talento extraordinario para las letras y un sentido profundo de justicia. A los 16 años fue encarcelado por su oposición abierta al régimen colonial español, marcando el inicio de una vida dedicada a la lucha por la libertad. A través de sus obras, Martí forjó una visión ética y poética que trascendía los límites de su tiempo. Con su libro *Ismaelillo* inicio en modernismo en las letras castellanas y en sus *Versos Sencillos,* con líneas como "No me pongan en lo oscuro / A morir como un traidor, / Yo soy bueno, y como bueno, / Moriré de cara al sol", expresó no solo su amor por la patria y la justicia, sino también su firme determinación de enfrentar la muerte con valentía y honor.

Pero Martí no era solo un poeta y un escritor: era un estratega político y un líder espiritual que entendió la necesidad de la acción para lograr el cambio. Durante años, trabajó incansablemente en el exilio para unir a los cubanos en la lucha por la independencia. En sus ensayos, como *Nuestra América,* abogó por la autodeterminación de los pueblos latinoamericanos, denunciando el colonialismo y el imperialismo norteamericano. Martí creía en una libertad que no solo liberara territorios, sino también las almas de quienes los habitaban. En 1895, después de décadas de organización, Martí regresó a Cuba para unirse a la Guerra de Independencia que él mismo había organizado. Aunque carecía de experiencia militar, su liderazgo moral lo convirtió en una figura indispensable para el movimiento libertador. Sabía que su papel en el conflicto era tan simbólico como práctico: su sola presencia inspiraba a las tropas y reforzaba la legitimidad de la causa.

El 19 de mayo de 1895, en Dos Ríos, en la región oriental de Cuba, Martí enfrentó su destino con una valentía que se volvió legendaria. Montado en su caballo y vestido de negro, un atuendo que lo hacía fácilmente reconocible, lideró una carga contra las tropas españolas. Sus seguidores le habían rogado que no se expusiera al fuego enemigo, pero Martí, fiel a sus principios, se negó a esconderse. “Es la hora de los hornos, y no se ha de ver más que la luz”, había escrito. Cuando cayó abatido, fue como había profetizado: “de cara al sol”.

La muerte de Martí, aunque prematura, consolidó su lugar en la historia como el apóstol de la libertad. Su caída no debilitó la causa cubana, por el contrario, la fortaleció. Su sacrificio inspiró a generaciones de cubanos a continuar la lucha por la independencia, que finalmente se logró en 1898. Martí dejó un legado imborrable. Su obra literaria y su vida ejemplar lo convierten en una figura universal, un faro para todos aquellos que creen en la justicia y la dignidad humana. Como él mismo escribió: “La muerte no es verdad cuando se ha cumplido bien la obra de la vida”.

68. Oscar Wilde

"O muere ese papel tapiz o muero yo"

París, 30 de noviembre de 1900. En una modesta habitación del Hôtel d'Alsace, Oscar Wilde, el brillante dramaturgo y poeta irlandés, exhaló su último aliento con el ingenio que siempre lo acompañó: "O muere ese papel tapiz o muero yo". Aquel comentario mordaz fue el broche final de una vida marcada por el amor a la belleza, el placer y la valentía de ser fiel a uno mismo, incluso en la adversidad.

Desde joven, Oscar Fingal O'Flahertie Wills Wilde adoptó una visión de la vida influida por el epicureísmo, una filosofía que exaltaba la búsqueda del placer intelectual y estético como el mayor bien humano. Para Wilde, la belleza no solo era un objetivo, sino una forma de existencia. Su afición por el arte, la literatura y la moda lo convirtió en el abanderado del movimiento esteticista, resumido en su famosa máxima: "Solo tengo algo que declarar: mi genio". Esta perspectiva también impregnó su vida social, que Wilde vivió como un espectáculo en sí mismo. En los salones literarios de Londres, deslumbraba a sus contemporáneos con su ingenio afilado y su estilo exuberante. Obras como *El retrato de Dorian Gray* y *La importancia de llamarse Ernesto* combinaban un agudo sentido del humor con una profunda exploración de las tensiones entre moralidad, hedonismo y autenticidad.

Sin embargo, su filosofía de vida chocó con las rígidas normas victorianas de su tiempo. En 1895, Wilde fue procesado por "indecencia grave", un eufemismo para referirse a su homosexualidad, tras un juicio provocado por su relación con Lord Alfred Douglas. A pesar de las humillaciones públicas y el riesgo de perderlo todo, Wilde nunca negó quién era ni traicionó sus principios. Fue condenado a dos años de trabajos forzados, una experiencia que lo destrozó física y emocionalmente.

En prisión, Wilde reflexionó profundamente sobre su sufrimiento en su obra *De Profundis*, una carta conmovedora que combina arrepentimiento, amor y filosofía. En ella, escribió: "El sufrimiento es uno de los modos de existir en el mundo", aceptando la adversidad como parte integral de la vida.

Tras su liberación en 1897, Wilde vivió exiliado en Francia, en condiciones de pobreza que contrastaban con los días de lujo y admiración que había conocido. A pesar de su deterioro físico y emocional, nunca perdió su sentido del humor ni su espíritu crítico. En el Hôtel d'Alsace, donde pasó sus últimos días, continuaba bromeando sobre su situación, fiel a su estilo de reírse incluso de la muerte. Afectado por meningitis cerebral, posiblemente derivada de una vieja lesión o una infección, Wilde murió rodeado de pocos amigos. Aunque sus últimos días estuvieron marcados por la soledad y las penurias, Wilde enfrentó la muerte con la misma valentía que había mostrado ante la vida. A pesar de todo, se mantuvo fiel a su filosofía epicúrea, valorando los momentos de belleza y las experiencias vividas, incluso en el sufrimiento.

El funeral de Wilde fue modesto, pero su obra comenzó a florecer poco después de su muerte. En 1909, sus restos fueron trasladados al cementerio de Père Lachaise en París, donde una escultura de Jacob Epstein decora su tumba, convirtiéndose en un lugar de peregrinación para admiradores de todo el mundo. En el epitafio, se inscriben versos de su poema *La Esfinge sin secreto*, que reflejan su visión de la vida y la muerte como un misterio eterno. Wilde dejó un mensaje de belleza en sus obras y en su vida. Su historia es la de un hombre que celebró el placer y la libertad, pero también enfrentó con dignidad el dolor y la adversidad. En palabras suyas: "Vivir es el privilegio más raro del mundo. La mayoría de las personas solo existen".

69. Nikola Tesla

El genio solitario

Nueva York, 7 de enero de 1943. Nikola Tesla, el hombre que imaginó un mundo iluminado por energía ilimitada y gratuita, murió solo en la habitación 3327 del Hotel New Yorker. A los 86 años, el genio que había transformado la electricidad moderna partió de este mundo sin fortuna ni reconocimiento público, pero con un legado que cambiaría el curso de la humanidad. Su vida fue un ejemplo de cómo la genialidad y la obsesión por el conocimiento pueden trascender las fronteras del tiempo y la incomprensión de sus contemporáneos.

Nacido en 1856 en Smiljan, en el Imperio Austrohúngaro (actual Croacia), Tesla creció en un entorno influido tanto por la espiritualidad de su padre, un sacerdote ortodoxo, como por la inventiva práctica de su madre, quien diseñaba herramientas y dispositivos mecánicos para facilitar las labores del hogar. Desde muy joven, Tesla mostró una mente prodigiosa, con una memoria fotográfica y una capacidad para visualizar sus inventos en su mente antes de materializarlos.

Después de estudiar ingeniería eléctrica en la Universidad Técnica de Graz, Tesla emigró a Estados Unidos en 1884. Allí comenzó a trabajar para Thomas Edison, quien inicialmente valoró su talento, pero pronto surgieron desacuerdos entre ambos. Mientras Edison defendía la corriente continua (DC), Tesla estaba convencido de que el futuro de la electricidad residía en la corriente alterna

(AC), un sistema mucho más eficiente para la transmisión a largas distancias. Tras romper con Edison, Tesla encontró apoyo en George Westinghouse, con quien implementó el sistema de corriente alterna que se convirtió en el estándar mundial. Su éxito en la llamada "Guerra de las Corrientes" demostró que Tesla tenía razón, y su tecnología revolucionó la forma en que el mundo utiliza la electricidad hasta el día de hoy.

Pero Tesla no se detuvo allí. Entre sus inventos más destacados se encuentran la bobina de Tesla, utilizada en radios y transmisores, el motor de inducción, que impulsó la industrialización moderna, y conceptos futuristas como la transmisión inalámbrica de energía. Sin embargo, muchas de sus ideas fueron consideradas demasiado radicales para su época, y algunos de sus proyectos, como la famosa Torre Wardenclyffe, un prototipo para transmitir energía inalámbrica a todo el planeta, nunca se completaron debido a la falta de financiación.

Tesla vivía adelantado a su tiempo. Su mente exploraba conceptos que aún hoy desafían los límites de la tecnología, como la energía renovable, la comunicación inalámbrica y las armas de energía dirigida. Sin embargo, su obsesión por sus ideas y su desinterés por el dinero lo llevaron a una vida de pobreza y aislamiento. Durante sus últimos años, Tesla vivió en varios hoteles de Nueva York, acumulando deudas que no podía pagar. A pesar de su situación precaria, nunca dejó de trabajar en sus inventos ni de soñar con un futuro donde la energía y la información fluyeran libremente por el mundo. Incluso cuando su salud se deterioró, Tesla mantuvo su espíritu visionario, cuidando palomas en Central Park y dedicando sus pensamientos a la posibilidad de que la humanidad lograra una armonía entre la tecnología y la naturaleza.

El 7 de enero de 1943, Tesla falleció en soledad, en la pobreza y olvidado por gran parte de sus contemporáneos. Sin embargo, la historia le dio la razón. Sus descubrimientos y teorías, que en su tiempo fueron consideradas utópicas o inverosímiles, demostraron ser pilares fundamentales en el desarrollo de tecnologías modernas como la electricidad, las telecomunicaciones y la transmisión inalámbrica. Su muerte, discreta y silenciosa, fue el cierre de una vida dedicada por completo al conocimiento y al progreso de la humanidad. Como él mismo expresó: "El presente es de ellos; el futuro, para el que realmente trabajé, es mío."

70. SIGMUND FREUD

El explorador del inconsciente

Sigmund Freud (1856-1939), médico, neurólogo y fundador del psicoanálisis, revolucionó la comprensión de la mente humana y abrió las puertas a un universo desconocido: el inconsciente. Su vida estuvo marcada por la búsqueda de respuestas a los misterios de la psique, y su muerte, aunque tranquila y planificada, fue un reflejo de su convicción de que el ser humano debe ser dueño de su destino hasta el final.

Nacido en Freiberg, en el Imperio Austrohúngaro (actual República Checa), Freud mostró desde joven una mente brillante y curiosa. Se formó como médico y se especializó en neurología, pero su verdadero interés era comprender los procesos internos que determinan el comportamiento humano. En un tiempo en que los trastornos mentales eran considerados meras enfermedades físicas, Freud desafió el pensamiento convencional al proponer que los problemas psíquicos tenían raíces en conflictos emocionales y deseos reprimidos, muchos de ellos alojados en el inconsciente. Su obra más influyente, *La interpretación de los sueños* (1900), desarrolló las bases del psicoanálisis, afirmando que los sueños eran una vía para acceder a los pensamientos y deseos más profundos del ser humano. Con conceptos como el Ello, el Yo y el Superyó, así como la teoría del complejo de Edipo, Freud ofreció una nueva perspectiva sobre la formación de la personalidad y los conflictos internos que afectan a cada individuo. Sin embargo, sus teorías también suscitaron controversia y críticas, siendo consideradas radicales y provocadoras para su época. A lo largo de su carrera, Freud enfrentó la incomprensión de sus colegas y el rechazo de la comunidad científica, pero su perseverancia lo llevó a consolidar el psicoanálisis como una disciplina que no solo explicaba los trastornos mentales, sino también fenómenos cotidianos como los lapsus. los chistes y las decisiones aparentemente irracionales. Para Freud, el ser humano no era completamente racional: gran parte de sus pensamientos y acciones estaban influidas por impulsos inconscientes y deseos reprimidos que afloraban en los momentos más inesperados.

La vida de Freud estuvo marcada por dificultades personales y profesionales. Durante sus últimos años, vivió bajo la amenaza del nazismo en Austria, lo que lo obligó a exiliarse en Londres en 1938. Para entonces, su salud se encontraba muy deteriorada por un cáncer de mandíbula que lo aquejaba desde hacía más de una década, una enfermedad que afrontó con estoicismo. En sus últimos días, Freud tomó una decisión que reflejaba su creencia en la autonomía del ser humano: pidió a su médico y amigo Max Schur que le administrara una dosis letal de morfina para poner fin a su sufrimiento.

El 23 de septiembre de 1939, a los 83 años, Freud falleció en su residencia de Londres, rodeado de su hija Anna y algunos discípulos fieles. Su muerte no fue un acto de desesperación, sino una decisión consciente y serena, coherente con su pensamiento: el individuo debe tener control sobre su propia vida y muerte. Como él mismo había dicho: "Cuando el dolor físico o moral se vuelve insoportable, uno debe tener la libertad de decidir su partida".

Freud nos enseñó que no somos completamente dueños de nuestros pensamientos y acciones, pero que el proceso de autoconocimiento puede ofrecernos libertad y comprensión. Hoy Sigmund Freud sigue siendo recordado como el explorador de las sombras del alma humana, un visionario que, a través de su obra, iluminó los rincones más oscuros de la mente y nos mostró que la comprensión de uno mismo es el camino hacia la libertad.

71. ARTHUR CONAN DOYLE

El creador del detective inmortal y el buscador de lo desconocido

Arthur Conan Doyle (1859-1930), médico, escritor y hombre de ciencia, pasó a la historia como el creador de Sherlock Holmes, el detective más célebre de la literatura. Sin embargo, su vida fue mucho más que una sucesión de historias policíacas. Conan Doyle fue un hombre profundamente curioso, que osciló entre el rigor científico y la fascinación por lo sobrenatural, construyendo un legado que abarcó tanto la lógica meticulosa como los misterios inexplicables.

Nacido en Edimburgo, Escocia, en el seno de una familia de origen irlandés, Doyle fue educado en un ambiente católico y conservador. Su formación como médico en la Universidad de Edimburgo lo acercó al pensamiento científico, pero también despertó en él una pasión por la narración. Durante sus años de estudiante, comenzó a escribir relatos breves para revistas, experimentando con diversos géneros, desde aventuras hasta historias de misterio. En 1887, Conan Doyle publicó *Estudio en escarlata*, la primera novela que introdujo al mundo a Sherlock Holmes y al doctor John Watson. Inspirado en parte por su profesor de anatomía Joseph Bell, cuya capacidad para deducir detalles a partir de observaciones minuciosas fascinó a Doyle, Holmes se convirtió rápidamente en un fenómeno literario. Con obras como *El signo de los cuatro* y *Las aventuras de Sherlock*

Holmes, Conan Doyle perfeccionó el género de detectives, creando historias cargadas de ingenio, lógica y emoción.

Sin embargo, el éxito de Sherlock Holmes se convirtió en una carga para su creador. Doyle, que aspiraba a ser reconocido como un escritor serio de novelas históricas, consideraba al detective como una distracción. En 1893, intentó "matar" a Holmes en *El problema final*, enfrentándolo al profesor Moriarty en las cataratas de Reichenbach. La indignación de los lectores fue tal que Doyle se vio obligado a resucitar al detective años después en *El sabueso de los Baskerville* y *El regreso de Sherlock Holmes*. Pese a su reticencia inicial, Holmes aseguró a Conan Doyle fama y fortuna, consolidándolo como uno de los grandes narradores de su tiempo.

Además de su obra literaria, Conan Doyle tuvo una vida marcada por la acción y el compromiso. Durante la Segunda Guerra de los Bóeres, en Sudáfrica, trabajó como médico voluntario y escribió un panfleto justificando la intervención británica, lo que le valió el título de caballero en 1902. También fue un apasionado defensor de causas como la reforma judicial y la igualdad de derechos para las mujeres, mostrando un espíritu progresista y humanitario. En los últimos años de su vida, Conan Doyle sorprendió al mundo al dedicar gran parte de su tiempo y energía al espiritismo. La muerte de su hijo Kingsley durante la Primera Guerra Mundial lo sumió en una profunda tristeza y lo llevó a buscar consuelo en lo sobrenatural. Convencido de la existencia de un mundo espiritual, escribió extensamente sobre sus creencias y participó en conferencias y sesiones espiritistas. Este interés, aunque polémico, reflejó su incansable búsqueda de respuestas a los misterios de la vida y la muerte.

El 7 de julio de 1930, Arthur Conan Doyle falleció en su hogar de Windlesham Manor, en Crowborough, Inglaterra, a los 71 años. Sus últimas palabras, dirigidas a su esposa, fueron: “Eres maravillosa”, un eco de la calidez humana que contrastaba con la lógica fría de su personaje más famoso. Fue un escritor prolífico que exploró múltiples géneros, desde la ciencia ficción con *El mundo perdido* hasta novelas históricas y ensayos espiritistas. Su influencia es innegable: Holmes y Watson se convirtieron en arquetipos universales, y su obra sigue siendo adaptada y celebrada en todo el mundo. Como Conan Doyle escribió en *Estudio en escarlata*: “Cuando se ha eliminado lo imposible, lo que queda, por improbable que parezca, debe ser la verdad”.

72. Marie Curie

La científica que iluminó el mundo

Marie Curie (1867-1934), nacida Maria Skłodowska, fue una mujer pionera que desafió todas las barreras de su tiempo. Científica excepcional y la primera persona en recibir dos premios Nobel en distintas disciplinas —Física y Química—, su vida estuvo marcada por el descubrimiento de los misterios de la radiactividad. Sin embargo, fue también su dedicación absoluta a la ciencia lo que acabaría arrebatándole la vida, convirtiéndola en un símbolo de sacrificio, perseverancia y progreso humano.

Nacida en Varsovia, Polonia, bajo la ocupación rusa, Marie mostró desde niña un espíritu inquebrantable y una semilla de conocimiento que la llevó a buscar oportunidades fuera de su país. En París, donde ingresó en la Sorbona, se destacó como una de las estudiantes más brillantes en Física y Matemáticas, en un tiempo en el que las mujeres eran raramente aceptadas en el ámbito académico. Allí conoció a Pierre Curie, quien se convertiría en su esposo y compañero de investigaciones, y con quien iniciaría una de las colaboraciones científicas más influyentes de la historia. El trabajo de los Curie se centró en el estudio de la radiactividad, un término que Marie acuñó. Juntos descubrieron dos nuevos elementos, el polonio —en honor a su patria— y el radio, cuyas propiedades extraordinarias revolucionarían la medicina, la física y la química. En 1903, Marie y Pierre recibieron el Premio Nobel de Física, compartido con Henri Becquerel, por sus investigaciones sobre los fenómenos de radiación. Con ello, Marie se convirtió en la primera mujer en recibir este prestigioso galardón.

Pero la tragedia golpeó su vida en 1906, cuando Pierre murió atropellado por un carruaje en París. Devastada, Marie decidió continuar sola el trabajo que ambos habían iniciado. En 1911, recibió su segundo Premio Nobel, esta vez en Química, por sus investigaciones sobre los elementos radiactivos y el aislamiento del radio puro. Pese a su éxito, fue objeto de críticas y difamaciones por ser mujer y por su relación con el científico Paul Langevin, lo que no le impidió seguir adelante con sus investigaciones. Durante la Primera Guerra Mundial, Marie puso sus descubrimientos al servicio de la humanidad. Organizó unidades móviles de rayos X, conocidas como "Pequeñas Curie", que ayudaron a diagnosticar heridas en los soldados en el frente. Sin embargo, desconocía que el contacto constante con materiales radiactivos, sin protección adecuada, estaba dañando irreversiblemente su salud.

El 4 de julio de 1934, Marie Curie falleció en un sanatorio en Sancellemoz, Francia, a causa de una anemia aplásica provocada por la exposición prolongada a la radiación. Su muerte fue el precio de su devoción absoluta a la ciencia. Sin embargo, sus descubrimientos sentaron las bases de la física nuclear y de los tratamientos contra el cáncer, y su vida inspiró a generaciones de mujeres científicas a seguir sus pasos.

Marie Curie no solo rompió barreras en la ciencia, sino también en la lucha por la igualdad de género. Fue la primera mujer en impartir clases en la Universidad de París y la única persona que ha recibido dos premios Nobel en distintas áreas científicas. Su nombre quedó grabado en la historia como sinónimo de sacrificio, perseverancia y amor por la humanidad.

73. Rasputín

Una muerte imposible de matar

Grigori Rasputín, nacido en 1869 en un pequeño pueblo de Siberia, es una de las figuras más controvertidas y fascinantes de la historia rusa. De orígenes humildes, este místico y sanador se convirtió en una figura central en la corte imperial de los Romanov, ganándose el favor del zar Nicolás II y, especialmente, de la zarina Alejandra. Su supuesta capacidad para aliviar los síntomas de la hemofilia del zarevich Alexei, el único hijo varón de la familia real, le otorgó una influencia que desató tanto devoción como odio.

A pesar de su cercanía con la familia imperial, Rasputín era una figura profundamente polarizadora. Mientras algunos lo veían como un hombre santo con poderes milagrosos, otros lo consideraban un oportunista corrupto. Sus comportamientos excéntricos, sus escándalos personales y los rumores de su influencia política lo convirtieron en un blanco de desprecio tanto para la nobleza como para el pueblo ruso. Para muchos, Rasputín simbolizaba la decadencia y la desconexión de los Romanov en un momento en que el país enfrentaba una creciente agitación política y social. Con la monarquía tambaleándose, un grupo de conspiradores, encabezado por el príncipe Félix Yusúpov, decidió que Rasputín debía morir para salvar la corona. La noche del 29 al 30 de diciembre de 1916, Rasputín fue invitado al palacio de Yusúpov con engaños. En un salón decorado para la ocasión, se le ofrecieron pasteles y vino envenenados con cianuro. Según los relatos, consumió grandes cantidades sin mostrar ningún síntoma de envenenamiento, lo que desconcertó a los asesinos. Viendo que el veneno no surtía efecto, Yusúpov se decidió y le disparó a corta distancia, creyendo que finalmente lo había matado. Sin embargo, Rasputín, con una resistencia casi sobrenatural, se levantó y trató de escapar. Los conspiradores volvieron a dispararle varias veces, lo golpearon brutalmente y, en un acto final, lo arrojaron al río Nevá, donde, según la autopsia, murió ahogado. Su asesinato, cargado de dramatismo y misterio, consolidó la leyenda de Rasputín como un hombre imposible de matar.

Aunque los conspiradores esperaban que su muerte estabilizara el régimen, el asesinato de Rasputín no logró salvar a los Romanov. Menos de un año después, la Revolución Rusa derrocó al zar y marcó el fin de la monarquía. Sin embargo, la figura de Rasputín, con su mezcla de carisma, misticismo y controversia, continuó siendo un símbolo del caos y la decadencia de una era.

Las palabras de Rasputín en una carta profética escrita antes de su muerte parecen haber sellado su lugar en la historia: “Si soy asesinado por los nobles, sus manos quedarán manchadas de sangre, y esta sangre durará por generaciones”. Y así fue: su muerte, lejos de resolver los problemas del imperio, se convirtió en un presagio del colapso inminente de la dinastía Romanov.

74. GANDHI

La bala que no apagó su luz

Mohandas Karamchand Gandhi, nacido en Porbandar en 1869, dedicó su vida a luchar contra la opresión y las injusticias, convirtiéndose en un símbolo universal de resistencia pacífica. Desde sus primeros años en Sudáfrica, donde se enfrentó al racismo y desarrolló su filosofía de *satyagraha* (resistencia no violenta), hasta su liderazgo en el movimiento por la independencia de la India, Gandhi demostró que el cambio podía lograrse sin recurrir a la violencia.

Durante décadas, lideró marchas, huelgas y campañas que desafiaron el dominio británico en la India. Entre estas, destacó la famosa Marcha de la Sal, que movilizó a miles de indios en protesta contra los impuestos coloniales. Su estilo de vida austero, su inquebrantable compromiso con la verdad y su fe en la humanidad inspiraron no solo a los indios, sino también a movimientos de derechos civiles en todo el mundo. Gandhi creía en la unidad de todas las religiones y en el respeto por todas las formas de vida, principios que se reflejaron en su mensaje de amor universal y no violencia.

Sin embargo, su visión de una India unida, donde hindúes y musulmanes convivieran en paz, fue ferozmente atacada por sectores extremistas. La partición de la India en 1947, que dio lugar a la creación de Pakistán, desencadenó una ola de violencia sectaria que dejó cientos de miles de muertos y desplazados. Profundamente afligido por el derramamiento de sangre, Gandhi dedicó sus últimos días a recorrer las regiones más afectadas, orando, ayunando y mediando entre comunidades enfrentadas. Para muchos, era un santo que encarnaba los valores de la reconciliación; para otros, un obstáculo que se interponía en sus ambiciones políticas o sectarias.

El 30 de enero de 1948, mientras se dirigía a una reunión de oración en Nueva Delhi, un radical opuesto a su postura conciliadora hacia los musulmanes le disparó tres veces a quemarropa. Las últimas palabras de Gandhi, según testigos, fueron: "Hey Ram" [Oh, Dios], un reflejo de su fe incluso en el momento de la muerte. Su asesinato conmocionó al mundo y condujo a la India a un gran duelo colectivo. Millones de personas acompañaron su cortejo fúnebre, arrojando flores al paso del cuerpo del hombre que había sido llamado *Mahatma* ("alma grande").

Aunque la bala apagó su vida, no logró silenciar su mensaje. Gandhi dejó un legado moral que trascendió fronteras. Inspiró a líderes como Martin Luther King Jr. y Nelson Mandela, quienes adoptaron sus principios de no violencia en sus propias luchas por la justicia. Gandhi enseñó que la verdad, la compasión y el respeto por la dignidad humana son armas más poderosas que cualquier forma de violencia. "La verdad nunca daña una causa que es justa", afirmó Gandhi. Su vida y su muerte siguen siendo un faro para aquellos que buscan un mundo más justo y compasivo.

75. Vladimir I. Lenin

El líder revolucionario de la Rusia soviética

Gorki, Rusia, 21 de enero de 1924. La muerte de Vladimir Ilich Lenin, líder de la Revolución Rusa de 1917 y fundador del estado soviético, marcó un hito memorable en la historia del siglo XX. A los 53 años, Lenin falleció tras sufrir una serie de derrames cerebrales que lo dejaron incapacitado durante los últimos años de su vida. Su desaparición marcó el destino de la Revolución Rusa y dejó un legado político que dividiría al mundo durante la Guerra Fría, convirtiéndolo en una de las figuras más influyentes y controvertidas de la historia moderna.

Nacido en 1870 en Simbirsk —hoy Uliánovsk, en su honor—, Vladimir Ilich Uliánov, conocido como Lenin, creció en una familia acomodada y culta. Su vida dio un giro dramático en 1887, cuando su hermano mayor, Aleksandr, fue ejecutado por participar en un complot para asesinar al zar Alejandro III. Este evento dejó una profunda marca en Lenin y lo impulsó a adoptar ideales revolucionarios. Influenciado por las ideas de Karl Marx y Friedrich Engels, se dedicó a la lucha contra el sistema zarista y las desigualdades del capitalismo. En 1895 fue arrestado por sus actividades políticas y enviado al exilio en Siberia, donde comenzó a desarrollar sus teorías sobre la revolución proletaria y la creación de un partido de vanguardia que guiara a la clase trabajadora hacia la toma del poder. En 1903, Lenin fundó el Partido Bolchevique, una facción radical del Partido Obrero Socialdemócrata de Rusia. Durante años trabajó desde el exilio en Europa, escribiendo y organizando a los bolcheviques, hasta que las condiciones en Rusia maduraron para la revolución. En febrero de 1917, el zar Nicolás II abdicó tras una serie de protestas y huelgas masivas, y un gobierno provisional asumió el control. Lenin regresó a Rusia en abril de ese año, con el apoyo del gobierno alemán, que esperaba que su presencia desestabilizara aún más a Rusia, sumida en la Primera Guerra Mundial. El regreso de Lenin fue un punto de inflexión en la historia rusa. Con sus "Tesis de Abril", exigió "todo el poder para los soviets" y un inmediato fin a la participación rusa en la guerra. En octubre de 1917, los bolcheviques, liderados por Lenin, derrocaron al gobierno provisional en un golpe casi incruento conocido como la Revolución de Octubre. Lenin se convirtió en el líder indiscutido del nuevo estado soviético y comenzó a implementar políticas que transformarían a Rusia en el primer estado socialista del mundo.

La vida de Lenin estuvo marcada por su incansable activismo político y su determinación para consolidar el poder soviético. En 1918, enfrentó un intento de asesinato por parte de Fanni Kaplan, una militante socialista revolucionaria que le disparó tres veces, dejando secuelas permanentes en su salud. Pero, Lenin continuó liderando la causa revolucionaria durante la guerra civil que devastó Rusia entre 1918 y 1922, enfrentando a los "rojos" bolcheviques contra los "blancos" contrarrevolucionarios, apoyados por potencias extranjeras. El triunfo bolchevique en la guerra civil consolidó el poder soviético, y en 1922 se fundó la Unión de Repúblicas Socialistas Soviéticas (URSS). Sin embargo, el costo humano fue enorme: millones de personas murieron por la guerra, el hambre y las represalias políticas. Lenin justificó estas medidas extremas como necesarias para proteger la revolución y sentar las bases de un nuevo orden socialista.

A pesar de sus éxitos políticos, la salud de Lenin se deterioró rápidamente. En 1922, sufrió el primero de varios derrames cerebrales que lo dejaron parcialmente paralizado y afectaron su capacidad para hablar y escribir. En sus últimos años, desde su retiro en Gorki, Lenin expresó preocupación por el rumbo que estaba tomando la URSS, especialmente por el ascenso al poder de Josef Stalin, a quien consideraba demasiado autoritario y peligroso. En sus escritos finales, conocidos como "El Testamento de Lenin", advirtió sobre la acumulación de poder en manos de Stalin y sugirió que debía ser removido de su cargo como secretario general del Partido Comunista. Sin embargo, tras la muerte de Lenin en enero de 1924, Stalin logró consolidar su poder y desestimó las advertencias de su antiguo líder. En los años siguientes, Stalin transformó la URSS en una dictadura totalitaria, contradiciendo muchas de las ideas originales de Lenin. Aunque Lenin había advertido sobre los peligros del culto a la personalidad, su figura fue mitificada tras su muerte. Su cuerpo fue embalsamado y expuesto en el mausoleo de la Plaza Roja de Moscú, convirtiéndose en un símbolo sagrado del comunismo soviético.

La muerte de Lenin marcó un punto de inflexión en la historia mundial. Su legado fue objeto de debate durante décadas: para algunos, fue un visionario que luchó por un mundo más justo; para otros, fue un ideólogo que justificó la violencia y la represión en nombre de la revolución. Lo cierto es que su vida y su muerte reflejan las paradojas de su propia visión política: un hombre que abogó por la creación de un sistema sin líderes absolutos, pero que se convirtió en un icono de la revolución y en la figura central de un estado que derivó en una dictadura personalista. La influencia de Lenin trascendió las fronteras de Rusia, inspirando movimientos revolucionarios en todo el mundo. Su pensamiento político, plasmado en obras como *El Estado y la Revolución* y *¿Qué hacer?*, dejó una huella indeleble en la historia del siglo XX. La frase atribuida a Lenin en sus últimos días: "El hombre es incapaz de saber lo que es la muerte, pero vive para saber lo que es la lucha", resume el espíritu incansable de quien dedicó su vida a una causa que, para bien o para mal, cambió el curso de la humanidad.

76. Winston Churchill

La muerte del león británico

Londres, 24 de enero de 1965. Winston Churchill, el estadista que lideró al Reino Unido durante sus horas más oscuras, falleció a los 90 años, marcando el fin de una era. El hombre que había sido el "león británico" en tiempos de guerra murió apartado de la atención pública, en el silencio de su hogar, tras años de retiro y enfermedad. Fue un final sereno y digno para una vida colmada de lucha, resistencia y logros que dejaron una huella indeleble en la historia mundial.

Nacido en 1874 en una familia aristocrática, Churchill mostró desde joven un carácter audaz e inquebrantable. Soldado, periodista, político y escritor, su vida estuvo marcada por momentos de gloria y crisis. Aunque sus primeros años en política fueron controvertidos, durante la Segunda Guerra Mundial se transformó en la encarnación de la resistencia británica frente al avance nazi. En 1940, cuando Adolf Hitler parecía imparable y Europa se encontraba bajo el yugo de la tiranía, Churchill asumió el cargo de primer ministro, llevando al Reino Unido a desafiar lo imposible. Con su incomparable capacidad oratoria, se convirtió en un símbolo de esperanza y liderazgo. Discursos como "No tengo nada que ofrecer sino sangre, trabajo, lágrimas y sudor" y "Nunca en el campo de los conflictos humanos, tanto se debió a tan pocos", conmovieron la conciencia de muchos británicos y resonaron no solo en su tiempo, sino a lo largo de la historia. Churchill inspiró a un pueblo asediado, liderándolo con firmeza hasta la victoria aliada en 1945.

Sin embargo, después de la guerra, el “león” enfrentó una nueva batalla: la ingratitud de la política y el inevitable declive físico. Aunque su popularidad disminuyó durante la posguerra, Churchill fue elegido nuevamente primer ministro en 1951, desempeñando un papel activo en la política mundial incluso cuando su salud comenzaba a deteriorarse. En sus últimos años, se retiró a su residencia de campo en Chartwell, donde pasó gran parte del tiempo reflexionando y escribiendo, lejos del bullicio que alguna vez definió su vida. La enfermedad lo acompañó durante sus últimos años, con una serie de apoplejías que lo dejaron físicamente limitado. A pesar de esto, Churchill afrontó el ocaso de su vida con un estoicismo admirable, consciente de que había cumplido su deber con la historia y con su nación. En su muerte, mostró la misma dignidad que había caracterizado su vida pública, dejando este mundo en silencio, lejos de los reflectores que alguna vez lo iluminaron.

El funeral de Churchill fue un acontecimiento de estado sin precedentes, un tributo a un hombre que había moldeado el destino no solo de su país, sino también del mundo entero. Líderes de todas las naciones acudieron a Londres para despedirlo, mientras el pueblo británico lo lloraba como un héroe nacional. Fue enterrado en St. Martin, en Bladon, cerca de su hogar en Chartwell, en un acto sencillo pero profundamente simbólico. Como dijo una vez: “El coraje es lo que se necesita para levantarse y hablar; el coraje es también lo que se necesita para sentarse y escuchar”. Churchill vivió y murió con ese coraje, dejando un ejemplo de fortaleza moral y liderazgo ejemplar que sigue inspirando al mundo entero.

77. Jack London

El aventurero que convirtió la lucha por la supervivencia en literatura inmortal

Jack London (1876-1916), escritor, periodista y aventurero estadounidense, fue un cronista de la naturaleza humana en su estado más primitivo. Con obras como *La llamada de lo salvaje* y *Colmillo blanco,* exploró los temas de la lucha por la supervivencia, la conexión entre el hombre y la naturaleza, y los instintos más básicos que definen nuestra existencia. Su vida fue una epopeya llena de desafíos, viajes y peligros, una búsqueda constante por experimentar la crudeza de la vida que luego transformaría en historias llenas de fuerza y humanidad.

Nacido en San Francisco en una familia humilde y sin un padre reconocido, London creció en la pobreza y desde joven mostró un carácter decidido y rebelde. Obligado a trabajar desde muy temprana edad, fue jornalero, pescador ilegal, marinero y buscador de oro en el Yukón, experiencias que marcaron profundamente su obra. Fascinado por las aventuras y los desafíos de la vida al límite, London llevó una existencia que lo acercó más al mundo salvaje que a los salones literarios. Durante la fiebre del oro de Klondike, en 1897, London viajó al norte de Canadá, donde experimentó de primera mano las duras condiciones de la naturaleza y la brutalidad de la supervivencia. Fue allí donde surgieron las ideas para sus relatos más famosos, donde el hombre y el animal se enfrentan a un entorno implacable que pone a prueba su resistencia y su voluntad de vivir. *La llamada de lo salvaje* (1903), la historia de un perro domesticado que regresa a sus raíces salvajes, y *Colmillo blanco* (1906), el relato de un lobo que se adapta a la civilización humana, son ejemplos perfectos de su exploración de la dualidad entre lo salvaje y lo civilizado.

Las obras de London no solo retratan la naturaleza como una fuerza hostil, sino que también examinan las luchas sociales y políticas. Influenciado por el socialismo, London fue un defensor de los derechos de los trabajadores y denunció las injusticias del capitalismo. En novelas como *El talón de hierro* (1908), anticipó un mundo futuro dominado por las grandes corporaciones y la opresión de las clases trabajadoras, convirtiéndose en uno de los primeros escritores en abordar el tema de las distopías sociales. Su afán por vivir intensamente lo llevó a explorar el mundo, desde las islas del Pacífico hasta los rincones más remotos de América, pero también lo expuso a los peligros de las enfermedades tropicales, la desnutrición y el abuso del alcohol. Su salud se deterioró rápidamente, y pese a su éxito literario, sufrió de constantes dolores físicos y crisis emocionales.

El 22 de noviembre de 1916, a los 40 años, Jack London fue encontrado inconsciente en su cabaña de Glen Ellen, California. Falleció horas después, y aunque las causas exactas de su muerte siguen siendo objeto de debate —algunos sostienen que fue un suicidio, mientras que otros creen que se debió a una sobredosis accidental de morfina—, su partida dejó una huella imborrable en la literatura. London murió joven, pero dejó un legado inmortal que sigue inspirando a generaciones de lectores.

Jack London nos dejó una lección poderosa: la lucha por la vida es, en sí misma, un acto heroico, y la grandeza del ser humano radica en su capacidad para resistir y adaptarse frente a las adversidades. Como él mismo escribió en *La llamada de lo salvaje*: "La función propia del hombre es vivir, no existir. No voy a desperdiciar mis días intentando prolongarlos. Quiero aprovechar mi tiempo".

78. ISADORA DUNCAN

La danza detenida por un accidente

Niza, Francia, 14 de septiembre de 1927. Isadora Duncan, la pionera de la danza moderna y una de las artistas más controvertidas y admiradas de su tiempo, murió trágicamente a los 50 años en un accidente absurdo e inesperado. Conocida por su espíritu libre y su rechazo a las normas convencionales del ballet clásico, Duncan revolucionó la danza, pero su vida estuvo marcada por la tragedia, tanto personal como artística. Su muerte, una de las más extrañas de la historia, puso fin a una carrera que había cambiado para siempre el mundo de la danza y la cultura.

Nacida en 1877 en San Francisco, California, Isadora Duncan mostró desde muy joven un talento natural para la danza. Sin embargo, desde el inicio, rechaza las estructuras rígidas del ballet clásico, optando por un estilo más fluido, inspirado en la naturaleza, el arte griego antiguo y la libertad de expresión. Duncan creía que la danza debía ser una manifestación directa del alma y del cuerpo, liberada de las restricciones académicas y las coreografías predefinidas. Su estilo, que muchos consideraron revolucionario, sentó las bases para lo que hoy conocemos como danza moderna.

A lo largo de su carrera, Duncan deslumbró a audiencias en Europa y América con sus interpretaciones únicas y su enfoque filosófico de la danza. Se presentaba descalza, con túnicas ligeras que evocaban las vestimentas de las figuras de la antigüedad clásica. Su baile era una celebración de la libertad, el cuerpo humano y la conexión con la naturaleza, y sus actuaciones rompieron las convenciones del ballet del siglo XIX, abriendo el camino a nuevas formas de expresión artística.

Sin embargo, la vida personal de Isadora Duncan estuvo cargada de tragedias. En 1913, sufrió la pérdida de sus dos hijos pequeños, Deirdre y Patrick, quienes murieron ahogados cuando el automóvil en el que viajaban cayó al río Sena en París. Este evento marcó profundamente a Duncan, y su danza se volvió más introspectiva y melancólica, explorando temas de dolor, pérdida y redención.

A pesar de sus éxitos artísticos, Duncan vivió constantemente en el borde de la ruina financiera y la controversia. Sus ideas políticas y su estilo de vida bohemio la alejaron de los círculos conservadores. Fue una ferviente defensora de los ideales socialistas y una admiradora de la Revolución Rusa, lo que la llevó a pasar tiempo en la Unión Soviética y a tener relaciones con destacados líderes comunistas. Su matrimonio con el poeta ruso Serguéi Yesenin, veinte años menor que ella, fue tempestuoso y breve, y terminó con el suicidio de Yesenin poco después de su separación.

El 14 de septiembre de 1927, Isadora Duncan encontró su trágico final en Niza, en un accidente que reflejaba la ironía de su vida. Al subir a un automóvil deportivo, se envolvió en su característico chal rojo, que llevaba con elegancia y que se había hecho famoso en sus actuaciones. Sin embargo, al arrancar el coche, la larga tela se enredó en una de las ruedas traseras del vehículo, tirando violentamente de Duncan hacia afuera y rompiéndole el cuello.

Isadora Duncan cambió para siempre la forma en que entendemos la danza y el cuerpo humano en movimiento. Su legado sigue vivo en la danza moderna, que continúa inspirándose en sus principios de libertad, expresión y conexión con la naturaleza. Afirmó: "La danza es el lenguaje oculto del alma". Y aunque su danza fue interrumpida por un trágico accidente, su espíritu sigue bailando a través del tiempo.

79. Trotsky

El hacha de hielo del exilio

Coyoacán, México, 21 de agosto de 1940. León Trotsky, uno de los líderes más destacados de la Revolución Rusa y figura clave en la creación del estado soviético, murió a los 60 años tras ser atacado brutalmente con un piolet por Ramón Mercader, un agente de la policía secreta soviética, enviado por Stalin. Este acto de violencia política selló el destino de Trotsky, quien había sido uno de los principales arquitectos de la Revolución de octubre de 1917 junto a Lenin.

Nacido el 7 de noviembre de 1879 en Yanovka, una aldea de Ucrania, Lev Davidovich Bronstein, conocido como León Trotsky, creció en una familia judía acomodada. Desde joven mostró un talento excepcional para el pensamiento crítico y la oratoria. Influido por las ideas marxistas, se unió al movimiento revolucionario ruso en su juventud y pronto destacó como un brillante estratega e intelectual. Fue arrestado en varias ocasiones por sus actividades revolucionarias, lo que lo llevó al exilio en Siberia, donde adoptó el seudónimo de Trotsky y se convirtió en una figura central en la Revolución Rusa de 1917. Como presidente del Sóviet de Petrogrado, desempeñó un papel crucial en la Revolución de Octubre, que derrocó al gobierno provisional e instauró el régimen bolchevique. Tras la victoria revolucionaria, asumió el liderazgo del Ejército Rojo durante la guerra civil rusa (1918-1921), donde su habilidad como estratega militar fue fundamental para la derrota de las fuerzas contrarrevolucionarias y la consolidación del poder soviético.

Sin embargo, tras la muerte de Lenin en 1924, Trotsky se encontró en una amarga disputa con Josef Stalin sobre el futuro de la Unión Soviética. Mientras Trotsky defendía la "revolución permanente", un concepto que abogaba por la expansión global del socialismo, Stalin promovía la idea de "socialismo en un solo país". Esta confrontación marcó el inicio de la caída de Trotsky. Stalin consolidó rápidamente su poder dentro del Partido Comunista, aislando a Trotsky políticamente, expulsándolo del partido en 1927 y exiliándolo primero a Kazajistán y luego fuera de la Unión Soviética en 1929. El exilio de Trotsky lo llevó a Turquía, Francia, Noruega y finalmente a México en 1937, donde fue acogido por los artistas Frida Kahlo y Diego Rivera. Durante este periodo, Trotsky continuó luchando contra el régimen estalinista, escribiendo artículos, libros y cartas que denunciaban las purgas y represiones masivas llevadas a cabo por Stalin. Fundó la Cuarta Internacional, un movimiento para promover el marxismo revolucionario en oposición al estalinismo.

A pesar de su relativo aislamiento, Trotsky siguió siendo un objetivo para Stalin, quien veía en él una amenaza ideológica que debía ser eliminada. El 20 de agosto de 1940, Ramón Mercader, un agente soviético que se había infiltrado en el círculo cercano de Trotsky, lo atacó en su despacho en Coyoacán, asestándole un golpe mortal con un piolet. Trotsky sobrevivió al ataque durante un día más, tiempo suficiente para denunciar públicamente a Stalin como responsable de su asesinato.

Trotsky es recordado como un hombre que vivió y murió con convicción, enfrentando la adversidad con valentía y manteniendo su lucha hasta el final. Como él mismo escribió: "No me he traicionado nunca, ni en mi vida, ni en mi muerte".

80. Pablo Picasso

El genio que reinventó el arte

Pablo Picasso (1881-1973), pintor, escultor, grabador, ceramista y poeta español, es una de las figuras más influyentes y revolucionarias de la historia del arte. Su vida estuvo marcada por una búsqueda constante de innovación, por el deseo de romper con las convenciones y por la necesidad de reinventarse una y otra vez. Su legado va mucho más allá de sus obras: Picasso transformó la manera en que el mundo entendía el arte, y su influencia sigue presente en cada trazo, color y forma del arte contemporáneo.

Nacido en Málaga, España, en una familia de tradición artística, desde muy joven mostró un talento excepcional para el dibujo. Se formó en las escuelas de arte de La Coruña y Barcelona, pero pronto abandonó las reglas académicas para explorar nuevas formas de expresión. A principios del siglo XX, se trasladó a París, donde se sumergió en la vibrante escena artística de Montmartre y comenzó a crear algunas de sus obras más icónicas. Picasso atravesó diversas etapas artísticas, comenzando con el Periodo Azul, marcado por tonos melancólicos y temas relacionados con la pobreza y la tristeza; seguido por el Periodo Rosa, donde sus obras cobraron vida con colores cálidos y personajes del mundo del circo. Sin embargo, su verdadera revolución llegó con la creación del cubismo, junto a Georges Braque. Obras como *Las señoritas de Aviñón* (1907) rompieron con la perspectiva tradicional y fragmentaron la realidad en múltiples puntos de vista, marcando un antes y un después en la historia del arte.

La vida de Picasso también estuvo marcada por el compromiso político y social. En 1937, horrorizado por los bombardeos de la ciudad vasca de Guernica durante la Guerra Civil Española, pintó su obra más emblemática, *Guernica*, un poderoso alegato contra la violencia y la barbarie de la guerra. La obra, cargada de simbolismo y dolor, se convirtió en un ícono del pacifismo y de la lucha por la libertad.

Con el paso de los años, Picasso experimentó con innumerables estilos y técnicas, negándose a encasillarse en un solo movimiento artístico. Su capacidad para reinventarse le permitió mantenerse vigente durante más de siete décadas, creando alrededor de 20.000 obras, entre pinturas, esculturas, cerámicas, dibujos y grabados. Su obra es un recorrido por las emociones humanas: desde la tristeza y la soledad hasta la alegría y el erotismo. Picasso no solo vivió una vida artística intensa, sino también una vida personal tumultuosa y apasionada. Se casó dos veces y mantuvo relaciones con varias mujeres que influyeron profundamente en sus creaciones. Fue un hombre complejo, a menudo contradictorio, capaz de mostrar tanto ternura como crueldad en sus relaciones personales. Su personalidad arrolladora y su magnetismo lo convirtieron en una leyenda en vida, pero también en una figura polémica.

El 8 de abril de 1973, Pablo Picasso falleció en Mougins, Francia, a los 91 años. Hasta sus últimos días, continuó pintando, creando y explorando, negándose a aceptar el paso del tiempo. Picasso nos dejó una lección fundamental: el arte es un proceso de cambio constante, una expresión de la vida misma. No tenía miedo de destruir para crear algo nuevo, y esa valentina es lo que lo convirtió en un genio. Como él mismo dijo: “Cada acto de creación es, antes que nada, un acto de destrucción”.

81. VIRGINIA WOOLF

Piedras en los bolsillos, agua en el alma

Lewes, Inglaterra, 28 de marzo de 1941. Virginia Woolf, una de las voces más influyentes de la literatura del siglo XX, se sumergió en el río Ouse cerca de su hogar en Sussex, poniendo fin a una vida marcada por el genio creativo y una lucha constante contra la enfermedad mental. A los 59 años, tras escribir una carta de despedida a su esposo, Leonard Woolf, Virginia llenó sus bolsillos de piedras y caminó hacia las aguas, dejando un legado literario y humano que sigue resonando.

Nacida en 1882 en Londres, Virginia Stephen creció en un entorno literario que influyó profundamente en su desarrollo. Su padre, Sir Leslie Stephen, era un historiador y crítico literario de renombre, mientras que su madre, Julia Prinsep Stephen, estaba vinculada al mundo de las artes. Este entorno cultivó el amor de Virginia por la literatura y el pensamiento, pero también fue el escenario de las primeras tragedias de su vida. La muerte de su madre cuando tenía solo 13 años, seguida por la de su medio hermano, desencadenó los primeros episodios de su fragilidad mental.

Virginia sufrió repetidos incidentes de depresión y alucinaciones a lo largo de su vida, con ingresos en instituciones psiquiátricas. A pesar de estas luchas, encontró en la escritura una forma de explorar su mundo interior y el de quienes la rodeaban. En 1915, junto a su esposo Leonard Woolf, fundó la editorial Hogarth Press, un proyecto que no solo publicó obras propias, sino también textos fundamentales de autores como T.S. Eliot y Sigmund Freud. Ella misma rompió moldes literarios con su estilo innovador, introduciendo el monólogo interior y explorando la percepción subjetiva de la realidad. En novelas como *Mrs. Dalloway* y *To the Lighthouse*, desafió las convenciones lineales de la narrativa, abordando temas como el tiempo, la identidad y la memoria. En *Orlando*, una obra vanguardista que desafía las nociones tradicionales de género, Virginia celebró la fluidez de la identidad, consolidándose como una figura clave en los estudios de género y literatura.

Además de su ficción, Woolf fue una ensayista aguda. En *Una habitación propia*, exploró el papel de las mujeres en la literatura y la sociedad, defendiendo la necesidad de independencia económica y espacio propio para que las mujeres pudieran crear. Pero, a pesar de sus éxitos, Virginia no pudo escapar a los efectos devastadores de su enfermedad mental. Las presiones de su creatividad y los ecos de las pérdidas personales la empujaron a períodos de profunda depresión y melancolía. En los meses previos a su muerte, con el mundo inmerso en la Segunda Guerra Mundial, su temor a perder nuevamente el control sobre su mente se intensificó. Su carta de despedida a Leonard refleja tanto su amor como su desesperación: "No creo que dos personas puedan ser más felices de lo que hemos sido tú y yo. Pero no puedo seguir luchando".

El 28 de marzo de 1941, Virginia Woolf salió de su casa, dejó su bastón en la orilla del río Ouse y se sumergió en sus aguas. Fue un acto meticulosamente planeado, marcado tanto por su dolor como por la dignidad con la que enfrentó su final. Dejaba tras de sí una obra que transformó la literatura moderna. Sus novelas y ensayos no solo revolucionaron la forma en que entendemos la narrativa, sino que también iluminaron las luchas internas de quienes viven con enfermedades mentales. Hoy, Woolf es recordada como una mujer de valentía inmensa, que desafió las convenciones de su tiempo y exploró con honestidad las complejidades de la mente humana. En sus propias palabras, Woolf comparó la vida con un río: "A veces parece apacible, pero en el fondo está lleno de piedras".

82. ISOROKU YAMAMOTO

El arquitecto de Pearl Harbor

Pacífico Sur, 18 de abril de 1943. Isoroku Yamamoto, el almirante japonés que diseñó el ataque a Pearl Harbor, fue abatido en pleno vuelo por cazas estadounidenses durante la Operación Venganza. Su muerte marcó un giro en la Segunda Guerra Mundial en el Pacífico y, aunque fue un golpe duro para Japón, también simbolizó la caída de un hombre que, a pesar de su genio estratégico, fue víctima de las mismas decisiones que él mismo había tomado.

Nacido en 1884 en Nagaoka, Japón, Yamamoto provenía de una familia samurái. Desde joven, mostró un gran interés por la navegación y la estrategia naval. Su formación en la Academia Naval Imperial de Japón y su experiencia en Harvard le otorgaron una visión moderna y global de la guerra, una perspectiva que lo diferencia de muchos de sus contemporáneos en el ejército japonés. Durante su carrera, ocupó diversos cargos de alto rango, convirtiéndose en comandante en jefe de la Flota Combinada en 1939. A diferencia de muchos líderes militares japoneses, Yamamoto comprendió las limitaciones de Japón frente a potencias como Estados Unidos. Conocía la capacidad industrial y tecnológica de los norteamericanos y, en privado, expresó sus dudas sobre la posibilidad de que Japón ganara una guerra prolongada. Sin embargo, su lealtad al emperador y la presión de los sectores ultranacionalistas lo llevaron a diseñar una estrategia que buscaba asegurar la supremacía japonesa en el Pacífico a través de un ataque sorpresa: Pearl Harbor.

El 7 de diciembre de 1941, las fuerzas japonesas atacaron la base naval estadounidense en Hawái. El golpe fue devastador para la flota estadounidense, y Yamamoto fue celebrado como un héroe en Japón. Sin embargo, su famosa advertencia se hizo realidad: "Despertaremos a un gigante dormido y lo llenaremos de una terrible determinación". El ataque a Pearl Harbor provocó que Estados Unidos entrara de lleno en la guerra, con una movilización masiva de recursos que superaría cualquier expectativa japonesa. Yamamoto siguió liderando la estrategia naval japonesa, pero la derrota en la Batalla de Midway en 1942 marcó el comienzo del declive de Japón en el conflicto. En 1943, los aliados descubrieron que Yamamoto realizaría una visita a las bases japonesas en el Pacífico Sur. Con esta información, los estadounidenses lanzaron la *Operación Venganza*, una misión específica para interceptar y derribar el avión que transportaba al almirante. El 18 de abril de 1943, cazas estadounidenses lograron interceptar su avión sobre Bougainville y abatirlo. Yamamoto murió en el acto, convirtiéndose en el oficial militar de más alto rango eliminado durante la guerra.

La muerte de Yamamoto fue un golpe devastador para la moral japonesa y un símbolo de justicia para los aliados, quienes vieron su eliminación como un acto de retribución por Pearl Harbor. Sin embargo, su figura sigue siendo compleja. A pesar de ser el arquitecto del ataque que desencadenó la guerra en el Pacífico, Yamamoto también fue un hombre de honor que comprendió las consecuencias de sus acciones y lamentó el sufrimiento que la guerra provocaría. En su vida, Yamamoto fue una estratega brillante, y su muerte en una operación calculada reflejó la ironía del destino: un hombre que diseñó una guerra basada sobre ataques sorpresa, abatido por una emboscada planificada con la misma precisión que él solía aplicar en sus estrategias. Hoy, su legado se debate entre quienes lo ven como un genio militar y quienes lo consideran un símbolo de los errores de cálculo que llevaron a Japón a la destrucción. Como él mismo expresó poco antes de su muerte: "He librado esta guerra sabiendo que el precio sería demasiado alto, pero mi deber ha sido cumplir con las órdenes de mi nación".

83. George Patton

Un héroe caído tras la victoria

Nacido en 1885 en San Gabriel, California, Patton fue un hombre de carácter explosivo y una determinación feroz. Su carrera en el Ejército comenzó en 1909, y a lo largo de los años demostró ser un militar altamente competitivo, impulsado por la creencia en la guerra como un medio para la gloria. Durante la Primera Guerra Mundial, Patton se destacó por su valentía y por sus avances en la modernización de las tácticas de guerra, especialmente en el uso de tanques.

Durante la Segunda Guerra Mundial, Patton alcanzó la fama por su liderazgo en el norte de África, Sicilia y, especialmente, en el frente europeo, donde comandó el Tercer Ejército de los Estados Unidos. Fue clave en la liberación de Francia y en la rápida incursión en Alemania, donde sus tácticas de combate agresivos y su habilidad para mover tropas a gran velocidad lo convirtieron en un líder temido y admirado tanto por sus tropas como por sus enemigos. Su actitud belicosa y su retórica combativa le ganaron tanto seguidores incondicionales como detractores en el alto mando, pero lo que no se podía negar era su habilidad para ganar batallas.

Sin embargo, la personalidad de Patton también lo llevó a la controversia. En 1943, fue suspendido temporalmente del mando por golpear a un soldado que sufría de un trastorno nervioso en un hospital de campaña, un incidente que reveló su temperamento explosivo y sus visiones sobre el deber y la guerra. A pesar de este revés, Patton continuó siendo una figura central en la guerra en Europa, con sus victorias posteriores consolidando su estatus de héroe militar.

El 21 de diciembre de 1945, Patton murió tras un accidente de tráfico en Heidelberg, Alemania. Su jeep chocó contra un camión, y Patton, que no llevaba puesto el cinturón de seguridad, sufrió graves lesiones en el cuello y la columna vertebral. Aunque los médicos lograron estabilizarlo, su salud empeoró rápidamente y murió días después. Aunque el accidente fue declarado oficial, las circunstancias de su muerte nunca fueron completamente claras, y muchas personas sospecharon que pudo haber sido un asesinato o un acto deliberado de los enemigos de Patton dentro de la administración de los Estados Unidos o de la Unión Soviética, debido a sus posturas agresivas contra el comunismo.

Hoy, George Patton es recordado como uno de los generales más brillantes de la historia de la guerra moderna. Su legado no solo está marcado por sus victorias en el campo de batalla, sino también por su figura como un líder polarizador que representaba la voluntad inquebrantable y la dedicación al deber. Como él mismo dijo: “No hay nada más satisfactorio que destruir al enemigo y no dejar que se recupere”.

84. LAWRENCE DE ARABIA

La muerte en la carretera

Oxford, Inglaterra, 19 de mayo de 1935. La muerte de Thomas Edward Lawrence, conocido mundialmente como Lawrence de Arabia, fue tan trágica como irónica. El hombre que había liderado épicas campañas militares y jugado un papel crucial en la Revolución Árabe murió en un accidente de motocicleta, lejos del desierto que lo había inmortalizado. Su muerte marcó el fin de una vida dedicada a la aventura, la política y la búsqueda de identidad, y su legado sigue siendo objeto de admiración y debate.

Nacido en 1888 en Tremadog, Gales, Lawrence creció con un profundo interés por la historia y la arqueología. Estudió en Oxford y, gracias a sus conocimientos de lenguas orientales y cultura árabe, fue enviado al Oriente Medio en 1910 para participar en excavaciones arqueológicas. Pero fue la Primera Guerra Mundial la que lo convirtió en leyenda. En 1916, como oficial de inteligencia del ejército británico, Lawrence se unió a la Revolución Árabe liderada por el príncipe Faisal, cuyo objetivo era derrocar el dominio del Imperio Otomano en la región. Lawrence destacó no solo por su capacidad militar y su audaz estrategia de guerra de guerrillas, sino también por su habilidad para forjar alianzas con las tribus árabes, ganándose su respeto y confianza. Su liderazgo en campañas como la toma de Aqaba y su participación en la marcha hacia Damasco lo convirtieron en un héroe tanto para los árabes como para el Reino Unido. Sin embargo, su legado fue ambiguo: mientras que los árabes soñaban con la independencia, los acuerdos políticos europeos, como el tratado Sykes-Picot, dividieron el territorio árabe entre las potencias coloniales, traicionando las promesas hechas por Lawrence y otros británicos.

Tras la guerra, Lawrence escribió *Los Siete Pilares de la Sabiduría,* una obra monumental que narra su experiencia en la Revolución Árabe y que consolidó su estatus de mito. Sin embargo, el peso de la fama y la culpa por la traición a los árabes lo persiguieron durante el resto de su vida. Lawrence se retiró de la vida pública, adoptando identidades falsas y alistándose en las fuerzas aéreas británicas bajo nombres ficticios para escapar de la notoriedad.

El 19 de mayo de 1935, Lawrence sufrió un accidente fatal mientras conducía su motocicleta Brough Superior cerca de su casa en Dorset. Al intentar esquivar a dos ciclistas, perdió el control y fue lanzado contra el suelo. Aunque fue atendido de inmediato, sus heridas fueron mortales y murió seis días después. El accidente de motocicleta, aparentemente banal, contrasta con la vida épica que Lawrence vivió en el desierto. Sin embargo, su final es también un reflejo de su filosofía: un hombre que, a pesar de los desafíos y las traiciones, ganó el destino con valentía. Su legado perdura no solo en sus contribuciones históricas, sino también en su búsqueda de identidad y en su lucha por un ideal, aunque ese ideal nunca se hizo realidad por completo.

Lawrence murió lejos de las dunas que lo vieron triunfar, pero su figura sigue siendo recordada como la de un hombre que desafió los límites de lo posible. Como escribió en *Los Siete Pilares de la Sabiduría*: "Todos los hombres sueñan, pero no del mismo modo. Aquellos que sueñan de noche, en los polvorientos rincones de sus mentes, despiertan para descubrir la vanidad de sus sueños. Pero los soñadores del día son hombres peligrosos, porque pueden actuar sobre sus sueños con los ojos abiertos, para hacerlos posibles".

85. Vicente Huidobro

La poesía de la despedida

Santiago, Chile, 2 de enero de 1948. Vicente Huidobro, uno de los poetas más importantes de la vanguardia literaria en América Latina y el fundador del creacionismo, murió a los 58 años, dejando tras de sí una obra que transformó la poesía en español y un legado artístico que continúa inspirando a nuevas generaciones.

Nacido el 10 de enero de 1893 en Santiago, Chile, en el seno de una familia aristocrática, Vicente García-Huidobro Fernández fue desde joven un espíritu inquieto y rebelde. Su educación y entorno privilegiado no bastaron para contener su ferviente deseo de transformar el arte y la literatura. Desde sus primeros años, Huidobro mostró interés por la poesía, pero pronto se apartó de las formas convencionales, buscando nuevas maneras de expresar el mundo a través de las palabras. Su espíritu innovador lo llevó a desafiar las normas establecidas ya buscar un arte que no imitara la realidad, sino que la creara. Su viaje a París en 1916 marcó un punto de inflexión en su vida y en su obra. En la capital francesa, Huidobro se sumergió en el ambiente efervescente de las vanguardias artísticas, entrando en contacto con figuras como Pablo Picasso, Guillaume Apollinaire y André Breton. Aunque las influencias del surrealismo, el cubismo y el futurismo fueron evidentes en sus primeras obras, Huidobro no se conformó con ser un mero seguidor de las corrientes vanguardistas europeas. En cambio, decidió fundar su propio movimiento poético: el creacionismo.

El creacionismo, que postulaba que el poeta debe ser un creador absoluto capaz de dar vida a nuevas realidades mediante las palabras, se convirtió en el eje central de su obra. Huidobro rechazaba la poesía que se limitaba a reflejar el mundo tal como es; en su lugar, aspiraba a que el poeta se convirtiera en un "pequeño dios" capaz de inventar mundos y desafiar los límites del lenguaje. Esta visión quedó plasmada en su obra más emblemática, *Altazor o el viaje en paracaídas* (1931), un extenso poema que constituye una de las cumbres de la poesía modernista en español. *Altazor* es una exploración poética radical que rompe con la estructura tradicional del verso y juega con el lenguaje para crear nuevas realidades. El poema sigue a un protagonista que, tras perder su fe en las estructuras convencionales, emprende un viaje hacia lo desconocido, un descenso simbólico en busca de la esencia del ser y del lenguaje. A lo largo del texto, Huidobro desafió las leyes de la gramática y la lógica, abriendo paso a un lenguaje liberado de las ataduras del significado convencional. La obra es un manifiesto del poder creativo del lenguaje y una prueba del compromiso de Huidobro con la idea de que el arte debe ser una fuerza transformadora.

Huidobro experimentó con diversas formas poéticas y estilos, buscando siempre un sentido de renovación constante. En sus cuadernos y manifiestos, defendía la autonomía del arte y abogaba por una poesía que no se sometiera a las reglas impuestas por la tradición. Además de poeta, Huidobro fue un hombre de acción y pensamiento político. Participó en proyectos literarios, fundó revistas y defendió la idea de que la poesía tenía un papel esencial en la transformación de la sociedad. Aunque sus posiciones políticas fueron cambiantes, siempre se mantuvo fiel a la idea de que el arte debía ser libre y revolucionario. Los últimos años de su vida estuvieron marcados por dificultades personales y financieras. A pesar de los momentos difíciles, Huidobro nunca dejó de escribir ni de promover su visión del arte. Continuó defendiendo el creacionismo y la importancia de la libertad artística hasta el final de sus días. Murió en 1948 en su casa de Cartagena, Chile, a consecuencia de una enfermedad cerebral. Su muerte, aunque silenciosa y alejada de los grandes escenarios, marcó el fin de una etapa en la poesía de vanguardia, pero no apagó la influencia de su obra.

La vida y muerte de Huidobro son una lección de rebeldía y búsqueda constante. Él no solo escribió poesía: Vivió como un poeta que desafió las normas establecidas, que rompió con los moldes tradicionales y que luchó por un arte que no fuera reflejo, sino creación. Su famosa declaración: “El poeta es un pequeño dios que crea mundos” resume la esencia de su visión artística y filosófica. Hoy, su obra sigue siendo una invitación a imaginar, a crear ya trascender los límites de la realidad conocida.

86. LORCA

El poeta fusilado por sus versos

Granada, España, 18 de agosto de 1936. Federico García Lorca, uno de los poetas y dramaturgos más brillantes del siglo XX, fue asesinado a los 38 años por fuerzas franquistas al inicio de la Guerra Civil española. Su muerte marcó uno de los episodios más oscuros de la historia de España y dejó un vacío irreparable en la literatura mundial. Pero esa misma muerte, cruel y violenta, lo elevó a la inmortalidad artística, convirtiéndolo en un símbolo eterno de la libertad creativa.

Nacido el 5 de junio de 1898 en Fuente Vaqueros, un pequeño pueblo granadino, Lorca creció en un entorno profundamente influenciado por las tradiciones andaluzas. Desde joven mostró un talento prodigioso para la música, la pintura y, sobre todo, la literatura. Al trasladarse a Madrid, ingresó en la Residencia de Estudiantes, donde entabló amistad con figuras como Salvador Dalí y Luis Buñuel. Lorca se convirtió en uno de los pilares de la Generación del 27, un grupo de escritores que revolucionaron las letras españolas con una poesía moderna, cargada de simbolismo y emociones universales.

La obra de Lorca abarca poesía, teatro y prosa. En títulos como *Romancero gitano* (1928), *Poeta en Nueva York* (1930) y las tragedias teatrales *Bodas de sangre* (1932), *Yerma* (1934) y *La casa de Bernarda Alba* (1936), Lorca exploró los conflictos humanos más profundos: el amor y la muerte, la libertad y la opresión, el deseo y la frustración. Su poesía, inspirada en la cultura popular andaluza, era también un grito contra las injusticias sociales y una defensa apasionada de los marginados y los oprimidos. Uno de los poemas que más controversia generó fue el "Romance de la Guardia Civil", incluido en su obra *Romancero gitano*. En él, Lorca describió a la Guardia Civil como una fuerza opresora y brutal, utilizando un tono cargado de crítica social y política. Este poema lo convirtió en un blanco para los sectores más conservadores de la sociedad española, que veían en sus versos una amenaza a las instituciones tradicionales. La popularidad de su poesía y su defensa de la libertad lo convirtió en un referente cultural, pero también en un objetivo para quienes querían silenciar esas voces que clamaban por un cambio.

En una España convulsa, Lorca se convirtió en un símbolo de modernidad y resistencia. Su condición de intelectual, su apoyo a la República, su defensa de los derechos de los marginados y su orientación sexual lo situaron en el punto de mira de las fuerzas conservadoras. Tras el estallido de la Guerra Civil en julio de 1936, Lorca fue arrestado en Granada, su tierra natal. A pesar de los intentos de sus amigos por salvarlo, fue ejecutado en la madrugada del 18 de agosto de 1936, junto a otros detenidos, en un paraje conocido como la Fuente Grande, en Víznar. Su cuerpo fue arrojado a una fosa común, y su tumba sigue sin ser encontrada.

La ejecución de Lorca fue un intento deliberado de silenciar una voz que representaba la modernidad, la libertad y la lucha por los derechos humanos. Sin embargo, su muerte logró lo contrario: se convirtió al poeta en un mártir de la cultura. Lorca no buscaba la muerte, pero sabía que su obra lo trascendería. Más de ocho décadas después de su asesinato, Federico García Lorca sigue siendo uno de los poetas más leídos y admirados del mundo. Su vida y su muerte nos recuerdan que la poesía tiene el poder de transformar sociedades, de desafiar la opresión y de dar voz a los que no la tienen. Lorca murió por sus versos, pero sus versos lo han hecho inmortal. Como él mismo expresó: “La poesía no quiere adeptos, quiere amantes”.

87. ERNEST HEMINGWAY

El héroe trágico que escribió con sangre

Ernest Hemingway (1899-1961) fue uno de los escritores más influyentes del siglo XX, un maestro del estilo directo y conciso que revolucionó la literatura moderna. Su vida, llena de aventuras, tragedias y obsesiones, fue tan fascinante y dramática como sus propias historias. Hemingway vivió cada momento con intensidad: fue soldado, corresponsal de guerra, cazador, pescador y boxeador, pero también fue un hombre perseguido por sus demonios internos. Su muerte, elegida por él mismo, marcó el fin de una existencia marcada por la lucha constante entre la vida y la muerte.

Nacido en Oak Park, Illinois, en una familia conservadora, Hemingway mostró desde joven un carácter rebelde y aventurero. Tras finalizar sus estudios secundarios, comenzó a trabajar como reportero en el *Kansas City Star*, donde desarrolló su famoso estilo sobrio y directo. Sin embargo, fue la Primera Guerra Mundial la que cambiaría su vida para siempre. Como conductor de ambulancias en el frente italiano, Hemingway resultó gravemente herido, una experiencia que marcaría su visión de la guerra y la muerte. Las vivencias de Hemingway durante la guerra inspiraron sus primeras grandes obras, como *Adiós a las armas* (1929), una novela que refleja el desengaño y la fragilidad humana frente a la violencia. A lo largo de su carrera, exploró los temas universales del amor, la guerra, la pérdida y la muerte, pero siempre con una mirada realista y sin adornos. Su prosa, directa y llena de silencios, capturaba la esencia de las emociones humanas con una precisión única.

Hemingway se convirtió en una figura clave de la llamada Generación Perdida, un grupo de escritores estadounidenses que vivieron en Europa tras la Primera Guerra Mundial, desencantados por el mundo que habían heredado. En París, frecuentó los círculos literarios de la época, codeándose con figuras como Gertrude Stein, James Joyce y F. Scott Fitzgerald. Fue en este contexto donde escribió su primera gran obra, *Fiesta* (1926), un retrato de la desilusión y el vacío existencial de su generación.

A lo largo de su vida, Hemingway vivió como si cada día fuera una batalla. Participó en la Guerra Civil Española como corresponsal y apoyó la causa republicana, experiencia que plasmó en *Por quién doblan las campanas* (1940). Más tarde, cubrió la Segunda Guerra Mundial y fue testigo del desembarco de Normandía. Estas vivencias lo convirtieron en un cronista de la condición humana, capaz de capturar tanto la brutalidad como la belleza de la vida.

Pero Hemingway no solo buscó aventuras en los campos de batalla. Amante de la pesca, la caza y las corridas de toros, sus pasiones quedaron reflejadas en obras como *El viejo y el mar* (1952), la historia de un pescador cubano que lucha contra un pez gigantesco en un duelo que simboliza la lucha del hombre contra las fuerzas incontrolables de la naturaleza y de la vida misma. Esta novela le valió el Premio Pulitzer y, al año siguiente, el Premio Nobel de Literatura, reconocimiento a una carrera marcada por la exploración de los límites de la resistencia humana.

Hemingway, que siempre había luchado por mantener una imagen de hombre fuerte y valiente, comenzó a sucumbir a sus propias sombras. Sufría de depresiones severas, alucinaciones y paranoias, exacerbadas por el alcohol y las secuelas de múltiples heridas y accidentes a lo largo de su vida. A ello se sumaban problemas de salud física y un creciente temor a perder sus facultades literarias. El 2 de julio de 1961, en su casa de Ketchum, Idaho, Ernest Hemingway puso fin a su vida con un disparo de escopeta. Su suicidio fue un acto que muchos interpretaron como el ultimo gesto de un hombre que había vivido siempre bajo sus propias reglas, negándose a ceder ante la decadencia física y mental. Como él mismo dijo: "El hombre no está hecho para la derrota. Un hombre puede ser destruido, pero no derrotado".

88. Pablo Neruda

Las dudas tras su muerte

Santiago de Chile, 23 de septiembre de 1973. Pablo Neruda, el célebre poeta chileno y ganador del Premio Nobel de Literatura, murió a los 69 años, pocos días después del golpe militar que derrocó al gobierno de Salvador Allende, su amigo cercano. Aunque la causa oficial de su muerte fue un cáncer de próstata avanzado, la cercanía de su deceso con los acontecimientos políticos y las sospechas que surgieron posteriormente han dado lugar a una serie de teorías y especulaciones que, con el paso del tiempo, no han dejado de aumentar. Muchos creen que Neruda pudo haber sido asesinado por el régimen de Augusto Pinochet, lo que añadió un aire de misterio y controversia a su fallecimiento.

Nacido el 12 de julio de 1904 en Parral, Chile, bajo el nombre de Ricardo Eliécer Neftalí Reyes Basoalto, Neruda mostró desde temprana edad una inclinación natural por la poesía, encontrando en las palabras una manera de expresar su visión del mundo y sus emociones más. profundas. A los 19 años publicó su primer libro, pero fue en 1924, con *Veinte poemas de amor y una canción desesperada,* cuando alcanzó un éxito que lo consagraría como una de las voces más importantes de la literatura en lengua española. Con un estilo apasionado y lleno de imágenes sensuales, Neruda logró capturar en sus versos la experiencia universal del amor, la pérdida y el anhelo, convirtiéndose en un poeta del pueblo, cuya obra trasciende las barreras del tiempo y del espacio.

Neruda no se limitó a la poesía, fue un hombre profundamente comprometido con las causas sociales y políticas, convencido de que la literatura debía estar al servicio de la justicia y la libertad. Miembro del Partido Comunista, ocupó diversos cargos diplomáticos y fue un firme defensor de los derechos de los oprimidos. Su amistad con Salvador Allende y su apoyo a la Unidad Popular lo convirtieron en una figura clave de la izquierda latinoamericana. Neruda no solo escribía sobre la lucha por un mundo mejor, sino que participaba activamente en ella. Durante el golpe de estado de Augusto Pinochet, Neruda ya se encontraba gravemente enfermo, debilitado por el cáncer. Sin embargo, la rapidez con la que se produjo su muerte, apenas doce días después del derrocamiento de Allende, despertó sospechas entre quienes lo conocían de cerca. Manuel Araya, su chofer y asistente personal, afirmó que Neruda estaba estable y que su empeoramiento arrepentido se produjo tras recibir una inyección en la clínica Santa María de Santiago, lo que ha llevado a muchos a creer que el poeta pudo haber sido asesinado por razones. políticas.

A lo largo de los años, diversas investigaciones han intentado esclarecer las circunstancias de su muerte. En 2013, un equipo de expertos forenses exhumó los restos de Neruda y descubrió niveles inusualmente altos de toxinas en su organismo, lo que reavivó las teorías de un posible envenenamiento. Aunque los informes oficiales siguen considerando el cáncer como la causa principal de su muerte, las evidencias encontradas han sembrado dudas que no han sido completamente disipadas. En 2023, nuevas pericias confirmaron la presencia de *Clostridium botulinum*, una bacteria que podría haber sido utilizada como agente tóxico, lo que reforzó aún más las sospechas de que Neruda pudo haber sido víctima de un asesinato encubierto. Sin embargo, la causa de su muerte sigue siendo motivo de controversia, y la verdad completa podría permanecer oculta para siempre.

Lo que es incuestionable es que, independientemente de las circunstancias exactas de su fallecimiento, el legado de Pablo Neruda perdura con fuerza. Su obra, que abarca desde la lírica amorosa más sublime hasta los versos comprometidos con la justicia social, continúa siendo leída y admirada en todo el mundo. Neruda fue un poeta que entendió la palabra como un acto de resistencia, capaz de transformar la realidad y dar voz a quienes no la tienen. En sus poemas encontramos la belleza de la naturaleza, la intensidad del amor y la lucha por la dignidad humana, temáticas que resuenan hoy con la misma fuerza que cuando fueron escritas. Como él mismo expresó en su *Canto General*, su obra cumbre dedicada a los pueblos de América Latina: "Podrán cortar todas las flores, pero no podrán detener la primavera". Su poesía, cargada de amor, dolor y lucha, continúa siendo un faro de luz en tiempos de oscuridad. Escribió también: "Muero con la conciencia tranquila, porque nunca he dejado de luchar por los humildes de la tierra".

89. SALVADOR DALÍ

La eternidad más allá de la muerte

Figueras, España, 23 de enero de 1989. Salvador Dalí, el excéntrico y visionario genio del surrealismo, falleció a los 84 años en su ciudad natal, cerrando un capítulo excepcional en la historia del arte y la cultura. Su vida, tan provocadora como su obra, culminó en el Teatro-Museo Dalí, un santuario que diseñó como testamento de su legado artístico y su creencia en la inmortalidad a través del arte.

Dalí nació en 1904 en Figueras, Cataluña, en una familia de clase media que fomentó su inclinación artística desde joven. Su talento fue evidente desde la infancia, pero también lo fue su personalidad excéntrica, que lo destacaba en cualquier entorno. En la Real Academia de Bellas Artes de San Fernando en Madrid, desarrolló un estilo único, influenciado tanto por las vanguardias como por el psicoanálisis de Sigmund Freud, que le permitió explorar el subconsciente como tema central en su obra.

La fama de Dalí se consolidó con el cuadro *La persistencia de la memoria* (1931), donde los relojes derretidos sobre un paisaje onírico se convirtieron en un símbolo universal del surrealismo. Su capacidad para transformar lo cotidiano en lo extraordinario marcó un antes y un después en la percepción del arte. Sin embargo, su genialidad no se limitó a la pintura: Dalí fue escultor, escritor, cineasta y diseñador, explorando múltiples disciplinas con la misma pasión. Colaboró con Alfred Hitchcock en *Recuerda* (1945), diseñó joyas, escenografías y trabajó en proyectos literarios, demostrando su versatilidad y creatividad ilimitada.

Dalí convirtió su vida en una obra de arte. Su bigote extravagante, su comportamiento teatral y su constante búsqueda de atención pública reforzaron su imagen como un hombre cuya existencia era tan surrealista como sus creaciones. Gala, su esposa y musa, fue el eje central de su vida personal y artística. Su relación, intensa y controvertida, inspiró gran parte de su obra, consolidando a Gala como su compañera inseparable.

Los últimos años de Dalí estuvieron marcados por el deterioro físico. En 1982, sufrió una parálisis parcial tras la muerte de Gala, lo que agravó sus problemas cardíacos y limitó su capacidad para trabajar. A pesar de ello, continuó creando, mostrando una tenacidad ejemplar frente a la adversidad. Afrontó la proximidad de la muerte con la misma teatralidad que caracterizó su vida. Transformó el Teatro-Museo Dalí en Figueras en su última morada, un espacio que no solo contenía sus obras, sino también su tumba. Este gesto simbolizaba su creencia en la inmortalidad a través del arte. En una muestra de control absoluto sobre su legado, Dalí planeó cuidadosamente su partida, asegurándose de que su cuerpo descansara en el centro de su universo artístico.

En sus últimos días, dejó claro que la mortalidad física era solo una transición hacia una inmortalidad simbólica. Su decisión de ser enterrado en el lugar que él mismo diseñó fue un acto de coherencia con su vida y filosofía: la muerte no era un final, sino una continuidad de su propio mito. El 23 de enero de 1989, Dalí falleció de insuficiencia cardíaca, rodeado de las obras que lo habían definido y de un mundo que, aunque reducido físicamente, seguía siendo vasto en su imaginación. Su muerte no fue un acto de resignación, sino una culminación de su creencia en la trascendencia del arte como el máximo legado. Su arte, que desafió las nociones de realidad y percepción, sigue siendo un referente en la exploración de la creatividad humana. En sus propias palabras: "No temo a la muerte, ya que sé que voy a ser un eterno icono del surrealismo". Dalí nos enseñó que la verdadera inmortalidad radica en el impacto que dejamos en el mundo, y su huella es indeleble, tan persistente como sus memorables relojes derretidos.

90. Frida Kahlo

Dolor y pasión hasta la última pincelada

Coyoacán, Ciudad de México, 13 de julio de 1954. En La Casa Azul, rodeada de sus obras y de las personas que la adoraban, Frida Kahlo, la icónica pintora mexicana, murió a los 47 años. Su vida, marcada por el sufrimiento físico y emocional, concluyó de una manera que parecía ser la culminación de su arte: llena de pasión, dolor y un feroz deseo de vivir.

Frida Kahlo nació en 1907 en Coyoacán, un suburbio de la Ciudad de México, en una familia de ascendencia alemana y mestiza. Desde pequeña, su vida estuvo signada por la tragedia. A los seis años, sufrió de polio, lo que dejó una secuela en su pierna derecha. Sin embargo, fue un accidente de autobús a los 18 años lo que definió su destino. Frida sufrió fracturas en su columna vertebral, pelvis, costillas y pierna, lesiones que la dejaron sumida en un dolor constante y que marcaron el resto de su vida.

Durante su largo período de recuperación, Frida comenzó a pintar, utilizando el lienzo como una forma de expresión para su sufrimiento y sus emociones. Sus obras, muchas de las cuales son autorretratos, se caracterizan por su simbolismo, su uso del color y la exploración de temas como la identidad, el dolor físico, el amor y la muerte. Frida nunca dejó de pintar, a pesar de su salud quebrantada. Su arte era una mezcla de surrealismo, realismo mágico y expresionismo, pero siempre profundamente personal.

A lo largo de su vida, Frida se enfrentó a numerosos desafíos personales, incluido un tumultuoso matrimonio con el pintor Diego Rivera. Su relación fue apasionada y llena de altibajos, marcada tanto por el amor como por las infidelidades y las tragedias compartidas. A pesar de sus dificultades matrimoniales, Frida siempre se mostró fuerte y determinada, luchando por ser reconocida como artista en su propio derecho, en un mundo dominado por hombres.

En 1954, un año después de su última operación en la columna vertebral, su salud se desplomó. La causa oficial de su muerte fue una neumonía, pero muchos creen que la pintora pudo haber tomado la decisión de acabar con su propia vida, agotada por el sufrimiento físico y la tristeza emocional. En sus últimos días, Frida pidió a su amiga y biógrafa, la fotógrafa Tina Modotti, que la fotografiara en su lecho de muerte, rodeada de flores y con una expresión de paz.

Frida Kahlo fue enterrada en el Panteón de Dolores en Ciudad de México, pero su legado sigue vivo. Sus pinturas, que exploran la lucha interna, el dolor físico y la identidad femenina, siguen inspirando a generaciones de artistas y admiradores. Su imagen, con sus cejas unidas y su corazón lleno de lucha, se ha convertido en un ícono del feminismo y de la resistencia. Frida afirmó: “Pinto flores para que no mueran”.

91. TERESA DE CALCUTA

El fin de una vida de entrega

Kolkata, India, 5 de septiembre de 1997. Teresa de Calcuta, una de las figuras más veneradas del siglo XX, murió a los 87 años tras haber dedicado su vida al servicio de los más pobres y desamparados. Su muerte marcó el fin de una existencia que fue ejemplo de compasión, sacrificio y amor al prójimo.

Nacida el 26 de agosto de 1910 en Skopje, en lo que hoy es Macedonia, y bautizada como Anjezë Gonxhe Bojaxhiu, la Madre Teresa provenía de una familia albanesa profundamente religiosa. Desde joven, sintió la llamada a servir a Dios y a los demás. A los 18 años, ingresó en la orden de las Hermanas de Loreto, y en 1929 fue enviada a la India, donde comenzó su trabajo como profesora en una escuela para niñas en Darjeeling. Fue en 1946 cuando Madre Teresa experimentó lo que describió como una "llamada dentro de la llamada", un momento trascendental que definió el rumbo de su vida. Durante un viaje en tren hacia Darjeeling, sintió un fuerte impulso espiritual de abandonar la comodidad de su vida como religiosa para dedicarse a los más pobres entre los pobres en las calles de Calcuta. En 1950 fundó la congregación de las Misioneras de la Caridad, cuyo objetivo era brindar amor, atención y dignidad a los desamparados, sin importar su origen, religión o condición social.

El trabajo de Madre Teresa comenzó en los barrios más pobres de Calcuta, atendiendo a leprosos, enfermos terminales, huérfanos y personas abandonadas. Su labor no se limitaba a ofrecer alimento o cuidados médicos, sino que también proporcionaba amor y compañía a aquellos que habían sido marginados por la sociedad. Pronto, su mensaje de compasión y su dedicación incondicional se difundieron por todo el mundo, y las Misioneras de la Caridad comenzaron a abrir centros de ayuda en diferentes países. Aunque enfrentó críticas por su postura conservadora en temas como el aborto y la anticoncepción, su labor humanitaria fue reconocida universalmente. En 1979 recibió el Premio Nobel de la Paz, y al aceptarlo dijo: "El mayor destructor de la paz hoy es el llanto del niño inocente que no ha nacido."

A pesar de su fama mundial, la Madre Teresa nunca buscó el reconocimiento personal. Vivió de manera sencilla y dedicó su vida a los demás, siguiendo su convicción de que "no todos podemos hacer grandes cosas, pero sí podemos hacer cosas pequeñas con un gran amor". La muerte de la Madre Teresa, ocurrida el 5 de septiembre de 1997 a causa de un infarto, fue un evento que conmocionó al mundo entero. Su funeral en Calcuta fue un homenaje multitudinario a una vida dedicada al servicio de los demás. Miles de personas, desde líderes mundiales hasta ciudadanos comunes, se unieron para despedir a la mujer que había simbolizado la compasión en acción. En 2003 fue beatificada por el papa Juan Pablo II, y en 2016 fue canonizada como santa por el papa Francisco, convirtiéndose en Santa Teresa de Calcuta. Las Misioneras de la Caridad, la congregación que fundó, continúan su misión de servir a los más necesitados en todo el mundo.

Hoy, su figura sigue siendo un símbolo universal de la lucha contra la pobreza y el abandono. Su vida nos recuerda que, en un mundo marcado por la indiferencia, cada pequeño acto de bondad cuenta. Como ella misma dijo: "Si no puedes alimentar a cien personas, alimenta a una."

92. Edith Piaf

La voz que nunca se apagó

París, 10 de octubre de 1963. Edith Piaf, la inconfundible voz de la canción francesa, murió a los 47 años tras una vida marcada por el sufrimiento, la pasión y la tragedia. Su fallecimiento, después de una larga lucha contra la enfermedad, no solo puso fin a la vida de una de las cantantes más extraordinarias del siglo XX, sino que consolidó su lugar en la historia como un símbolo, ya que sigue siendo una de las voces más evocadoras y admiradas de todos los tiempos.

Nacida en 1915 en París, Piaf tuvo una infancia extremadamente difícil. Hija de una joven madre soltera y un padre acróbata, pasó sus primeros años en la pobreza y, tras ser rechazada por su madre, fue criada en un hospicio. Desde muy joven mostró un talento excepcional para la música, aunque su vida estuvo llena de tragedias personales. A los 14 años, comenzó a cantar en las calles de París para ganarse la vida. Fue en ese contexto donde un productor musical la descubrió, llevándola al camino de la fama. Conocida como "La Môme Piaf" (la "gorrioncita"), Edith rápidamente se convirtió en una de las figuras más icónicas de la música francesa. Su voz única, desgarrada por el sufrimiento pero capaz de transmitir una intensidad emocional incomparable, la consagró como la estrella más importante de la canción. Canciones como *La Vie en rose, Non, je ne Sorry rien* y *Hymne à l'amour* no solo la catapultaron a la fama mundial, sino que también se convirtieron en himnos de amor y esperanza para generaciones enteras.

Su vida estuvo marcada por tragedias personales: una serie de amores imposibles, la muerte de su único hijo, y la adicción a las drogas y el alcohol. Los problemas de salud derivados de su estilo de vida turbulento tampoco le dieron tregua. A pesar de ello, Piaf se mantuvo en el escenario hasta sus últimos días, convirtiéndose en un símbolo de resistencia y pasión. Cuando Piaf murió en 1963, París y el mundo entero lloraron la pérdida de una mujer que había entregado su alma a la música. Su funeral fue una manifestación multitudinaria de amor y respeto. A través de las décadas, su legado ha perdurado en las canciones que siguen emocionando a millones de personas. Su voz nunca se apagó, como lo demuestran las generaciones que aún encuentran consuelo y belleza en su arte. Edith Piaf dijo: “No tengo nada más que mi voz y mi corazón, y eso es lo que he dado al mundo”.

93. John F. Kennedy

La bala en Dallas

Dallas, Texas, 22 de noviembre de 1963. John Fitzgerald Kennedy, el 35° presidente de los Estados Unidos, fue asesinado a los 46 años en uno de los eventos más impactantes del siglo XX. Su muerte, a plena luz del día y ante los ojos de una multitud, marcó el fin de una era de esperanza y el inicio de un período de desconfianza y conspiraciones que aún perdura. La bala que atravesó su cráneo no solo acabó con la vida del presidente, sino que dejó una herida profunda en el alma de una nación que veía en él el símbolo de un futuro prometedor.

Nacido en 1917 en una familia influyente de Massachusetts, John F. Kennedy parecía destinado al liderazgo desde muy joven. Hijo de Joseph Kennedy, un poderoso empresario y diplomático, John heredó la ambición política y el carisma que lo llevaron a convertirse en uno de los presidentes más jóvenes de la historia de los Estados Unidos. Graduado de Harvard, veterano de la Segunda Guerra Mundial y autor del premiado libro *Perfiles de coraje,* Kennedy era visto como un líder brillante y audaz, capaz de enfrentar los desafíos de su tiempo con visión y pragmatismo.

Cuando asumió la presidencia en 1961, Kennedy prometió una "Nueva Frontera" de progreso, igualdad y paz. Bajo su mandato, impulsó programas sociales y económicos, así como iniciativas para el avance de los derechos civiles, enfrentando la resistencia del sur segregacionista. Su retórica inspiradora, como la famosa frase "No pregunte lo que su país puede hacer por usted, pregunte lo que usted puede hacer por su país", hizo que millones de estadounidenses creyeran en un gobierno comprometido con el bienestar común.

En política internacional, Kennedy enfrentó momentos críticos, como la Crisis de los Misiles de Cuba en 1962, cuando el mundo estuvo al borde de una guerra nuclear. Su liderazgo fue decisivo para evitar el conflicto armado con la Unión Soviética. A pesar de su éxito en evitar un desastre global, su mandato también estuvo plagado de tensiones internas, especialmente por su posición en favor de los derechos civiles y sus medidas para combatir la pobreza y la desigualdad.

El 22 de noviembre de 1963, durante una visita a Dallas, Kennedy fue asesinado mientras recorría la ciudad en un coche descapotable junto a su esposa, Jacqueline. Desde la ventana del sexto piso de un depósito de libros, Lee Harvey Oswald, un exmarine con antecedentes de simpatía por el comunismo, disparó contra el presidente, acertando un tiro mortal en la cabeza. Kennedy fue declarado muerto minutos después en el hospital Parkland Memorial, dejando al mundo en estado de conmoción.

La muerte de Kennedy desató una avalancha de teorías de conspiración que persisten hasta hoy. Aunque la Comisión Warren concluyó que Oswald actuó solo, muchos siguen convencidos de que hubo una conspiración más amplia detrás del asesinato. Las teorías implican a la mafia, la CIA, la KGB, y hasta a altos funcionarios del gobierno. La misteriosa muerte de Oswald, dos días después, asesinado por Jack Ruby, aumentó las sospechas y alimentó el mito en torno a la tragedia.

El impacto de la muerte de Kennedy fue devastador para Estados Unidos. Su viuda, Jacqueline Kennedy, jugó un papel fundamental en la construcción del legado de su esposo al compararlo con el mítico rey Arturo y la utópica Camelot. En los años siguientes, la figura de Kennedy se convirtió en un símbolo de juventud, idealismo y liderazgo. Su trágica muerte dejó un legado de "qué podría haber sido", y su visión de un mundo más justo y pacífico sigue siendo recordada como una inspiración para líderes y ciudadanos. A más de medio siglo de su asesinato, John F. Kennedy sigue siendo un referente en la política global. Su defensa de los derechos civiles, su llamado a la paz y su fe en la capacidad humana para superar las adversidades son recordados como parte de su legado. "El cambio es la ley de la vida", dijo en uno de sus discursos, "y aquellos que solo miran al pasado o al presente están destinados a perder el futuro".

94. Eva Perón

La voz del pueblo

Buenos Aires, 26 de julio de 1952. Eva Duarte de Perón, conocida universalmente como Evita, falleció a los 33 años, víctima de un agresivo cáncer de cuello uterino. Su muerte marcó un antes y un después en la historia de Argentina, dejando un vacío inmenso en el corazón del pueblo que la adoraba y convirtiéndola en un símbolo eterno de la lucha por los derechos de los desposeídos.

Eva Perón nació el 7 de mayo de 1919 en Los Toldos, un pequeño pueblo de la provincia de Buenos Aires. Hija ilegítima de un terrateniente que abandonó a su familia, Eva creció en la pobreza junto a su madre y sus hermanos. Desde joven, mostró una determinación extraordinaria para superar las adversidades que marcaban su vida. A los 15 años, emigró a Buenos Aires con el sueño de convertirse en actriz, trabajando inicialmente en teatro, radio y cine. Su carisma y tenacidad le permitieron forjarse un lugar en un medio dominado por prejuicios hacia las mujeres independientes.

En 1944, su destino cambió cuando conoció al entonces coronel Juan Domingo Perón en un evento benéfico. La conexión fue instantánea y en 1945 contrajeron matrimonio. Al asumir Perón la presidencia en 1946, Evita se convirtió en la primera dama, pero su papel trascendió las funciones ceremoniales. Evita se posicionó como una figura política clave, ganándose el afecto de los sectores populares y el título de “madre espiritual de la nación”. Desde su posición, lideró la Fundación Eva Perón, una institución que promovió proyectos de bienestar social, salud y educación. Bajo su dirección, hospitales, escuelas y viviendas fueron construidos para los sectores más desfavorecidos. Evita también abogó por los derechos de las mujeres, logrando la aprobación del sufragio femenino en 1947, un hito histórico en Argentina.

Su carisma y compromiso con los más pobres la convirtieron en un ícono popular, pero también en una figura polarizadora. Mientras que las clases trabajadoras la veneraban, las élites la rechazaban, acusándola de populismo y autoritarismo. A pesar de las críticas, Evita permaneció fiel a su misión de justicia social. En 1950, Evita fue diagnosticada con cáncer, pero ocultó la gravedad de su enfermedad al público y continuó trabajando incansablemente. En 1951, debilitada pero decidida, participó activamente en la campaña de reelección de Perón. A pesar de la insistencia de sus seguidores para que aceptara la vicepresidencia, declinó el cargo en un emotivo discurso que reafirmó su compromiso con el pueblo.

Su salud se deterioró rápidamente en los meses previos a su muerte. El 26 de julio de 1952, a las 20:25, Evita falleció en la residencia presidencial. Su muerte dejó a Argentina sumida en un profundo luto nacional. Más de dos millones de personas asistieron a su funeral, en uno de los homenajes más multitudinarios de la historia argentina. Tras su fallecimiento, su cuerpo fue embalsamado para preservarlo como símbolo eterno del peronismo. Sin embargo, tras el golpe de Estado de 1955, su cuerpo fue secuestrado y permaneció oculto durante años. No fue hasta 1976 que sus restos fueron finalmente restituidos a su país, y terminaron en el Cementerio de la Recoleta en Buenos Aires.

Eva Perón fue más que una primera dama: fue una revolucionaria que luchó por la igualdad y el empoderamiento de los sectores marginados. Para algunos, una santa; para otros, una figura polarizadora. Pero más allá de la controversia, su legado trasciende el tiempo. Como ella misma dijo: "Volveré y seré millones".

95. Rosalind Franklin

La figura olvidada del ADN

Londres, 16 de abril de 1958. Rosalind Franklin, la científica cuya investigación fue crucial para el descubrimiento de la estructura del ADN, murió a los 37 años, a causa de un cáncer de ovario. A pesar de su contribución fundamental a uno de los descubrimientos científicos más importantes del siglo XX, Franklin no recibió el reconocimiento que merecía en vida. Fue solo después de su muerte que su figura fue reconocida como la de una pionera en el campo de la biología molecular.

Nacida en 1920 en Londres, Rosalind Franklin mostró desde joven un interés por las ciencias. Se formó como química y, a lo largo de su carrera, se especializó en la cristalografía de rayos X, una técnica que permite obtener imágenes detalladas de las estructuras moleculares. Fue en los laboratorios de King's College en Londres donde Franklin comenzó a trabajar en la estructura del ADN, a principios de la década de 1950, y es allí donde produjo una de las imágenes más emblemáticas de la ciencia: la famosa "Fotografía 51", que mostró la estructura helicoidal del ADN.

Aunque su trabajo fue clave, Franklin no fue la primera en recibir el crédito. En esos años, las mujeres en la ciencia no gozaban del reconocimiento que merecían, y en el caso de Franklin, fue su colega Maurice Wilkins quien mostró su trabajo a Watson y Crick, los científicos que finalmente recibieron el Premio Nobel en 1962 por el descubrimiento de la doble hélice del ADN. Sin embargo, fue la investigación de Franklin la que proporcionó los datos visuales clave que les permitieron a Watson y Crick formular su modelo estructural. A pesar de la injusticia que sufrió en términos de reconocimiento, Franklin continuó su carrera con determinación. Después de su tiempo en King's College, trabajó en el Instituto de Investigaciones Cancerígenas de Londres, donde estudió el virus del mosaico del tabaco y otras moléculas virales. Su trabajo ayudó a sentar las bases para investigaciones futuras en la biología molecular y la genética.

Tristemente, su vida fue corta. A los 37 años, Franklin murió a causa de un cáncer de ovario, que se cree que fue provocado por la exposición a los rayos X en sus años de investigación. Su muerte fue un golpe doloroso para la comunidad científica, que ya comenzaba a reconocer la magnitud de su contribución al descubrimiento de la estructura del ADN. Rosalind Franklin, en su vida y en su muerte, es un símbolo de perseverancia y talento, y su legado ha sido cada vez más reconocido en las últimas décadas. Hoy, se la considera una de las figuras más importantes en la historia de la ciencia, y su contribución al descubrimiento del ADN es ahora un ejemplo de la importancia del trabajo de las mujeres en la ciencia, un trabajo que, durante demasiado tiempo, fue ignorante. Como Franklin misma dijo: "La ciencia y la vida deben ser exploradas sin descanso, ya que incluso en el dolor y la adversidad podemos encontrar la belleza".

96. YUKIO MISHIMA

Honor en el ritual del suicidio

Tokio, Japón, 25 de noviembre de 1970. Yukio Mishima, uno de los escritores más influyentes de la literatura japonesa del siglo XX, murió a los 45 años en un acto que fue tanto un suicidio como una declaración de principios. Mishima, conocido por su fascinación con la tradición japonesa, el bushido (el código de honor de los samuráis) y el nacionalismo, eligió el seppuku, un ritual de suicidio tradicional japonés, como su forma de abandonar este mundo, haciendo de su muerte un acto de protesta, sacrificio y, en muchos sentidos, un homenaje a su propio ideal del honor.

Nacido en 1925, Mishima fue un hombre que, desde su juventud, se sintió atrapado entre dos mundos: el de la tradición japonesa, que valoraba profundamente el honor, la disciplina y el sacrificio, y el de la modernidad, que traía consigo el consumismo y la corrupción moral, según su visión. Escritor prolífico y provocador, Mishima fue reconocido por sus novelas, obras de teatro y ensayos, destacando en particular su trilogía *El mar de la fertilidad*, que exploraba la decadencia de la sociedad japonesa y los conflictos entre la tradición y la modernidad. Pero lo que realmente lo definió no fue solo su pluma, sino también su creciente obsesión con la estética del sacrificio y la restauración de los valores que él consideraba fundamentales para Japón.

A lo largo de su vida, Mishima luchó por restaurar el sentido del honor y la disciplina en una sociedad japonesa que, en su opinión, se había dejado seducir por las influencias occidentales y había perdido sus raíces. A medida que su fama crecía, también lo hacía su desilusión con la dirección política de Japón, especialmente con la paz que se había alcanzado después de la Segunda Guerra Mundial y la presencia de las fuerzas estadounidenses en el país. En 1970, Mishima llevó a cabo su acto más audaz y final: lideró un pequeño grupo de seguidores en un fallido intento de golpe de estado, con la esperanza de restaurar la monarquía imperial y devolver el poder al emperador japonés.

Después de fracasar en su intento, Mishima se retiró a su cuartel general, donde, rodeado de sus seguidores, se despojó de su ropa y se deshizo de su espada en un acto simbólico, antes de realizar el seppuku. Su muerte, presenciada por unos pocos, fue una culminación de su vida y sus ideales. En sus últimas palabras, Mishima expresó su desdén por el estado de Japón y su deseo de que el pueblo japonés recupere el espíritu de sacrificio y la disciplina. Su muerte, como su vida, fue profundamente simbólica, una manifestación final de su creencia en el sacrificio personal por el bien de la nación. Hoy, Yukio Mishima sigue siendo una figura controvertida y compleja, cuya muerte memorable continúa alimentando debates sobre el honor, la tradición y el significado.

97. Marilyn Monroe

¿Ícono trágico o conspiración?

Los Ángeles, 5 de agosto de 1962. Marilyn Monroe, la estrella que iluminó Hollywood como ninguna otra, murió a los 36 años en circunstancias envueltas en misterio. La mujer que encarnaba la belleza, el glamour y el deseo en la pantalla grande dejó un legado imborrable, pero su muerte sigue siendo objeto de debate. Oficialmente declarada como un suicidio por sobredosis de barbitúricos, las teorías que apuntan a una conspiración no han cesado desde aquella fatídica noche.

Nacida como Norma Jeane Mortenson el 1 de junio de 1926, Marilyn tuvo una infancia difícil marcada por el abandono. Su madre, incapaz de cuidarla debido a problemas mentales, la dejó a cargo de familias adoptivas y orfanatos. Desde pequeña, Norma Jeane soñó con escapar de su realidad y encontró en el cine un refugio donde podía ser alguien más. Su transformación en Marilyn Monroe fue más que un cambio de nombre: fue la creación de un ícono que desafió las normas de género, sexualidad y fama en su época.

Marilyn conquistó Hollywood con su carisma y su encanto único. Películas como *Los caballeros las prefieren rubias*, *Cómo casarse con un millonario* y *La comezón del séptimo año* la consolidaron como una de las actrices más queridas y reconocidas del cine. Sin embargo, detrás de su sonrisa perfecta y su imagen de rubia inocente, se escondía una mujer compleja, llena de inseguridades y luchando constantemente con la soledad y la depresión. A pesar de su éxito, Marilyn deseaba ser reconocida por su talento y no solo por su apariencia. En busca de papeles más desafiantes, estudió actuación en el Actors Studio de Nueva York y demostró su capacidad dramática en películas como *Bus Stop* y *The Misfits*, esta última escrita por su entonces esposo, el dramaturgo Arthur Miller. Sin embargo, la presión de la fama, los constantes fracasos sentimentales y sus problemas de salud mental comenzaron a pasar factura.

El 5 de agosto de 1962, el cuerpo de Marilyn fue encontrado en su cama, rodeado de frascos de pastillas. La versión oficial apuntó a un suicidio, pero las inconsistencias en la investigación —como la ausencia de un vaso de agua junto a las pastillas o el retraso en avisar a la policía— sembraron dudas. ¿Realmente se quitó la vida, o alguien más decidió su destino?

Las teorías de conspiración comenzaron a tomar fuerza, apuntando a sus vínculos con los hermanos Kennedy. Se rumorea que Marilyn tuvo romances tanto con John F. Kennedy como con Robert Kennedy, y que su creciente inestabilidad emocional podría haberla llevado a revelar secretos comprometidos. Según algunas versiones, su muerte pudo haber sido un intento de silenciarla para proteger a figuras poderosas.

Otras teorías sugieren que su fallecimiento fue resultado de una disputa con las élites de Hollywood, o incluso un accidente por la mezcla de medicamentos. A pesar de las investigaciones y de las décadas transcurridas, la verdad sobre su muerte sigue siendo esquiva. Pero más allá del misterio, la vida de Marilyn Monroe simboliza la dualidad de la fama: ser adorada por millones, pero sentirse profundamente sola. Fue una mujer que desafió los estándares de su tiempo, enfrentando un mundo que la veía como un objeto, mientras ella buscaba ser valorada por su intelecto y su arte. En sus propias palabras, Marilyn expresó la lucha interna que la acompañó durante toda su vida: “La fama te da todo lo que deseas, pero te roba lo más importante: tu alma”.

98. Félix Rodríguez de la Fuente

El defensor de la naturaleza

Villanueva de los Infantes, España, 14 de marzo de 1980. Félix Rodríguez de la Fuente, naturalista, divulgador y uno de los mayores defensores de la fauna ibérica, murió a los 52 años en un trágico accidente aéreo en Alaska mientras filmaba un documental. Su fallecimiento, ocurrido el mismo día de su cumpleaños, marcó el cierre de una vida dedicada a la defensa y divulgación de la naturaleza, pero su legado, lejos de apagarse, se consolidó como un faro de conciencia ambiental que sigue inspirando a generaciones de amantes de la vida salvaje y activistas por la conservación.

Nacido el 14 de marzo de 1928 en Poza de la Sal, Burgos, Félix creció en un entorno rural que despertó en él un profundo amor por la naturaleza y un interés innato por los animales. Desde niño mostró una curiosidad extraordinaria y una capacidad para comprender los comportamientos de la fauna salvaje. Aunque inicialmente estudió medicina, su verdadera vocación lo llevó a convertirse en un autodidacta de la biología y la etología, disciplinas que le permitieron conocer en profundidad la fauna ibérica y convertirse en un referente en la conservación del lobo, un animal que en su tiempo estaba al borde de la extinción en España debido a la persecución humana.

La figura de Félix Rodríguez de la Fuente alcanzó fama internacional gracias a sus documentales para televisión, especialmente la serie *El hombre y la Tierra*, considerada una de las mejores producciones de divulgación de la naturaleza. En cada episodio, Félix narraba con pasión y conocimiento las historias de los animales en su entorno natural, transmitiendo un mensaje claro: la necesidad urgente de proteger la biodiversidad y comprender que los seres humanos forman parte de un ecosistema que debe mantenerse en equilibrio. Su estilo apasionado y su capacidad para conectarse con el espectador hicieron de él un comunicador excepcional, capaz de despertar en millones de personas un amor profundo por la naturaleza.

Félix también fue un activista incansable en la protección de especies amenazadas y un defensor de la creación de parques nacionales y áreas protegidas. Su compromiso con la conservación lo llevó a participar en campañas para evitar la caza indiscriminada de animales y defender la coexistencia del ser humano con la fauna salvaje, en una época en que la conciencia ambiental era aún incipiente. Su trágico fallecimiento en 1980 fue un golpe para la sociedad española y la comunidad internacional. Su avioneta se estrelló en la tundra helada de Alaska mientras filmaba la carrera de trineos Iditarod, un evento que lo fascinaba por la relación simbiótica entre los perros de trineo y sus conductores en un entorno salvaje. Las causas del accidente nunca se aclararon del todo, pero se sabe que las condiciones climáticas adversas y la dificultad del terreno jugaron un papel determinante.

A lo largo de su vida, Félix vivió convencido de que el ser humano debía reconectar con la naturaleza y entender su lugar dentro del gran entramado de la vida. Creía que la pérdida de ese vínculo esencial era una de las causas de la crisis ambiental que ya empezaba a vislumbrarse en su época. Su célebre frase: "Sólo se protege lo que se ama, sólo se ama lo que se conoce, y sólo se conoce lo que se enseña", resume su filosofía de vida y su misión como divulgador. Hasta su último aliento, Félix enseñó, amó y protegió la naturaleza con una intensidad que pocos han igualado.

99. Ana Frank

La voz inmortal de una tragedia

Bergen-Belsen, Alemania, 12 de marzo de 1945. Ana Frank, la niña judía que se convirtió en símbolo universal del sufrimiento y la esperanza durante el Holocausto, murió a los 15 años en el campo de concentración de Bergen-Belsen, víctima de una epidemia de tifus. Su vida, truncada prematuramente por la barbarie nazi, dejó un testimonio que ha perdurado a través del tiempo. El *Diario de Ana Frank*, escrito durante su reclusión en un anexo secreto de Ámsterdam, es una de las obras más leídas y conmovedoras sobre el genocidio nazi, y ha convertido su voz en un faro de memoria y humanidad en medio de la tragedia.

Ana Frank nació el 12 de junio de 1929 en Frankfurt, Alemania, en el seno de una familia judía. Su infancia se vio interrumpida por el ascenso al poder de Adolf Hitler en 1933 y el incremento de las políticas antisemitas en Alemania. Ante esta amenaza, su familia decidió emigrar a los Países Bajos en busca de seguridad. Sin embargo, la ocupación nazi de los Países Bajos en 1940 volvió a poner a los Frank en peligro. Con la promulgación de leyes discriminatorias y la persecución de los judíos, la familia se vio obligada a esconderse. El 6 de julio de 1942, Ana, sus padres Otto y Edith, su hermana Margot y otros cuatro refugiados se ocultaron en un anexo secreto detrás de la oficina donde trabajaba Otto Frank. Durante más de dos años, permanecieron en ese escondite, viviendo con miedo constante a ser descubiertos. Fue en ese periodo cuando Ana comenzó a escribir en su diario, un regalo que había recibido por su cumpleaños número 13. El diario de Ana no solo registra los acontecimientos diarios del escondite, sino que también refleja las profundas reflexiones de una niña que, a pesar de las circunstancias, mantuvo la esperanza y la fe en la humanidad. En sus escritos, Ana reflexionó sobre temas como la injusticia, la guerra, el sufrimiento y el deseo de libertad. Su capacidad para expresar sus pensamientos con una madurez sorprendente le permitió transformar su experiencia personal en un testimonio universal.

El 4 de agosto de 1944, el anexo fue descubierto tras ser traicionado, y los ocho ocupantes fueron arrestados y deportados. Ana y su hermana Margot fueron trasladadas de Auschwitz a Bergen-Belsen en octubre de 1944, donde ambas murieron de tifus pocos meses antes de la liberación del campo por las tropas británicas. La pérdida de Ana fue parte de la tragedia de millones de víctimas del Holocausto, pero su voz no se apagó con su muerte. Otto Frank, el único miembro de la familia que sobrevivió al Holocausto, encontró el diario de su hija al regresar a Ámsterdam. Comprendiendo la importancia de esos escritos, decidió publicarlo en 1947 bajo el título *Het Achterhuis [La casa de atrás]*. Desde entonces, el diario ha sido traducido a más de 70 idiomas y ha conmovido a millones de lectores en todo el mundo, convirtiéndose en un poderoso símbolo de la resistencia al odio y la intolerancia.

El legado de Ana Frank trasciende su tiempo y contexto. Su historia nos recuerda que detrás de cada número en las estadísticas del Holocausto hay una vida, una voz, una historia que merece ser contada. Ana escribió en su diario: "A pesar de todo, sigo creyendo que la gente es buena de corazón", una afirmación que resuena como un mensaje de esperanza y fe en la bondad humana. Su legado es una advertencia y una inspiración. La voz de Ana Frank sigue viva, recordándonos que incluso en los momentos más oscuros, la palabra escrita puede iluminar y trascender el tiempo, convirtiendo la tragedia personal en un acto de resistencia y en un testimonio eterno de humanidad. Escribió también: "Quiero seguir viviendo después de mi muerte", y ciertamente lo ha logrado.

100. Stephen Hawking

El cosmos en la mente hasta el final

Cambridge, Inglaterra, 14 de marzo de 2018. Stephen Hawking, el renombrado físico teórico que desentrañó los misterios más profundos del universo, murió a los 76 años, después de una vida marcada por la lucha constante contra la esclerosis lateral amiotrófica (ELA), una enfermedad degenerativa que lo dejó casi completamente paralizado. A pesar de las graves limitaciones físicas que enfrentó, Hawking nunca dejó que su condición afectara su brillantez intelectual. Su muerte, aunque esperada debido a su avanzada edad y salud, fue un recordatorio del poder del espíritu humano para superar obstáculos.

Nacido en 1942 en Oxford, Inglaterra, Stephen Hawking mostró desde joven una prodigiosa habilidad para las matemáticas y la física. Su vida dio un giro en 1963, cuando fue diagnosticado con ELA, una enfermedad que afecta las células nerviosas y que normalmente resulta en la parálisis completa. Los médicos le dieron dos años de vida, pero Hawking desafió las expectativas y vivió más de 50 años con la enfermedad, convirtiéndose en uno de los científicos más influyentes de su tiempo.

A lo largo de su carrera, Hawking hizo avances revolucionarios en la cosmología, la teoría cuántica y la física de los agujeros negros. Su obra más conocida, *Una breve historia del tiempo*, publicada en 1988, se convirtió en un éxito de ventas mundial, llevando conceptos complejos de la física teórica, como el Big Bang y los agujeros negros, a una audiencia global. Su teoría sobre la radiación de los agujeros negros, conocida como "radiación de Hawking", demuestra que los agujeros negros no son completamente "negros", sino que emiten partículas subatómicas, un descubrimiento que alteró profundamente nuestra comprensión del cosmos.

A pesar de su enfermedad, Hawking continuó trabajando en la física y en la divulgación científica, utilizando una computadora para hablar y escribir, y dando conferencias en todo el mundo. Su vida fue un testimonio de la resiliencia humana, ya que nunca permitió que las limitaciones físicas mermaran su contribución a la ciencia. Su sentido del humor, inteligencia y pasión por descubrir los secretos del universo fueron una inspiración para millones de personas en todo el mundo.

En sus últimos años, Stephen Hawking se convirtió en una figura de influencia global, no solo en el ámbito científico, sino también como defensor de la igualdad y la justicia social. Abogó por el acceso universal a la educación, la lucha contra el cambio climático y el progreso científico, y se convirtió en un ícono cultural, apareciendo en programas de televisión, películas y documentales. Sin embargo, a pesar de la fama y el reconocimiento, nunca dejó de ser un científico y un pensador profundamente comprometido con la búsqueda de la verdad. En su muerte, Hawking dejó un legado que será grabado por generaciones. Su capacidad para desafiar tanto las expectativas de la ciencia como las de la vida misma, y su inquebrantable deseo de comprender el universo, lo convierten en uno de los más grandes científicos de la historia. En sus propias palabras: "El cielo no es el límite. Hay mucho más allá del cielo".

Bibliografía

Arendt, Hannah. *La condición humana.* Editorial Losada, 1995. Buenos Aires.

Bataille, Georges. *La muerte y la máscara.* Editorial Pre-Textos, 2010. Valencia.

Camus, Albert. *El mito de Sísifo.* Editorial Planeta, 2001. Barcelona.

Cooper, David. *La muerte: Una introducción filosófica.* Editorial Fondo de Cultura Económica, 2002. Ciudad de México.

Frankl, Viktor E. *El hombre en busca de sentido.* Editorial Herder, 2006. Barcelona.

Freud, Sigmund. *El porvenir de una ilusión.* Editorial Alianza, 2003. Madrid.

Heidegger, Martin. *Ser y tiempo.* Editorial Fondo de Cultura Económica, 2006. Ciudad de México.

Huxley, Aldous. *La muerte.* Editorial Planeta, 2002. Barcelona.

Kierkegaard, Søren. *El concepto de la angustia.* Editorial Losada, 1997. Buenos Aires.

Manent, Pierre. *La muerte y el sentido de la vida en la tradición filosófica occidental.* Editorial Rialp, 2010. Madrid.

Montaigne, Michel de. *Ensayos.* Editorial Alianza, 2004. Madrid.

Nietzsche, Friedrich. *El crepúsculo de los ídolos.* Editorial Espasa, 2003. Madrid.

Paine, Thomas. *Derechos del hombre.* Editorial Austral, 2007. Buenos Aires.

Platón. *La República.* Editorial Gredos, 2009. Madrid.

Schopenhauer, Arthur. *El mundo como voluntad y representación.* Editorial Akal, 2006. Madrid.

Seneca, Lucio Anneo. *Cartas a Lucilio.* Editorial Gredos, 2002. Madrid.

Séneca, Lucio Anneo. *Sobre la brevedad de la vida.* Editorial Alianza, 1998. Madrid.

Wittgenstein, Ludwig. *Tratado lógico-filósofico.* Editorial Losada, 2001. Buenos Aires.

Yalom, Irvin D. *Cuando Nietzsche lloró.* Editorial Planeta, 2006. Barcelona.

ÉMILE ZOLA

El arte de morir

I.S.B.N.: 978-84-1337-523-6

El arte de morir reúne una colección de cuatro relatos largos o novelas cortas, en los que Émile Zola aborda el tema de la muerte, no presentándolo de una manera tétrica, ni tan siquiera trágica, sino como una realidad que inevitablemente forma parte de la existencia humana.

Zola examina la idea de que hay tantas muertes como seres humanos. Si cada existencia es única, también lo es cada muerte, y la manera en que cada cual se acerca a ella, la imagina, la espera o la teme.

«Morí un sábado a las seis de la mañana, tras tres días de enfermedad… En el fondo había hecho bien en morirme, no iba a cometer ahora la insensatez de resucitar.»

ÉMILE ZOLA